光文社知恵の森文庫

野田 隆

ニッポンの「ざんねん」な鉄道

光文社

本書はＷＥＢサイト『東洋経済オンライン』（東洋経済新報社）に掲載された原稿から抜粋し、再編集を加え、文庫化したものです。

はじめに

本書は、わが国最大級のビジネス・ニュースサイトである『東洋経済オンライン』（東洋経済新報社）の中の「鉄道最前線」というコーナーに連載されている「独断で選ぶ鉄道ベスト10」の中から36編を選び、時間の経過に伴う変化や表現の修正など再編集してまとめたものである。

２０１５年6月に、私が『東洋経済オンライン』に執筆を始めた当初は、「ベスト10」の名の通り、車窓ベスト10、観光列車ベスト10など王道のテーマのものを私の個人的思い入れの強いものを中心に発表してきた。ところが、あるとき、使い勝手の良くない新幹線の「残念な駅」を10駅リストアップしたところ大変好評だったので、編集部の強い要望もあって、以後、「残念な」列車、「残念な」直通列車など、「残念シリーズ」として発表することになってしまった。

もっとも、「残念」というのは、あくまで利用者目線、ときには旅行者目線の個人的見解であって、列車や駅施設など鉄道そのものを否定するものでは全くない。もっと使い勝手が良かったら利用者が増えるのに……、あるいは、今の車両をこんな車両にグレードアップしてくれたら鉄道旅行が楽しめるのに……、という要望でもある。

しかし、中には、鉄道会社に物申すのはケシカラン、タブーであると思っている人が少なからずいるようだ。こういう人は、鉄道会社が決めることは絶対的なものであり、それに対して意見したり、反対を表明するなどありえないとはなから考えている節がある。列車や路線が廃止になれば、あっさりと受け入れ、あまつさえ最終日に現地に駆けつけ涙ながらに別れを告げる……。いち鉄道ファンとしては、こんな風潮も少し「残念」な気がしている。

それに比べると、欧米の鉄道ファンは実にアクティブだ。廃止になった路線を譲り受け、お気に入りの車両を復活して走らせる。ひとりでは無力でも大勢の仲間と一緒ならスケールの大きなことをやり遂げてしまう。

最近は、国内でも、ようやく欧米並みにアクティブな鉄道ファン集団も見かけるようになってきたけれど、まだまだ受け身のファンが多いようだ。ぜひとも、健全な明るい趣味人になってほしい。そのためにも、鉄道界の現状を受け入れるとともに、物足りないことがあれば、能動的に発信してほしいと思う。鉄道に詳しくない旅行者や利用者であっても堂々と要望を述べること。それでこそ、多くの人にとって使いやすい列車や駅が増える一因となるのではと考える次第である。本書がそのためのきっかけになればとも思う。

タイトルは「ざんねんな」となっているものの、第2章は、読んで楽しい面白雑学コーナー、第3章は王道のベスト10であり、バランスは取ったつもりである。

最後に、私の拙い記事を丹念に読んでいただき、文庫化する企画を立てていただいた光文社文庫編集部の堀井朋子さんとウェブ記事の転載を快諾していただいた東洋経済新報社編集部の大坂直樹氏に厚く御礼申し上げる次第である。

2020年6月

野田　隆

―ニッポンの「ざんねん」な鉄道　目次―

Part2 昔日のにぎわいはいずこへ……〝栄光は過去に〟で残念な路線

Part3 何かがずれている〝ミスマッチ〟で残念な駅・路線

Part4 無粋だったり地味だったり……で残念な列車・路線

第二章 奥が深すぎる おもしろ駅名・列車名の雑学 —— 223

本書に記載の情報や列車の運行については、新型コロナウイルス感染症拡大予防の影響により大幅に変更されている場合があります。最新の情報は、鉄道各社や関連施設ホームページ等でご確認くださいますようお願いいたします。

装丁・本文デザイン／アフターグロウ

第一章

「ざんねん」だからこそ味がある

日本の鉄道「なんでも10」

Part 1

「ざんねん」の王道 〝不便〟で残念な駅

大都会の重要な駅なのに、ここはおかしい

複雑？ 混みすぎ？ 「残念なターミナル駅」10

ざんねん10

1 渋谷駅（東京都渋谷区）
2 名鉄名古屋駅（愛知県名古屋市）
3 東武鉄道 浅草駅（東京都台東区）
4 西武新宿駅（東京都新宿区）
5 東京駅の京葉線ホーム（東京都千代田区）
6 東海道・山陽新幹線 新大阪駅（大阪府大阪市）
7 京都市内のターミナル（京都府）
8 札幌駅（北海道札幌市）
9 上野駅（東京都台東区）
10 両国駅（東京都墨田区）

渋谷駅構内にある案内板

大都会のターミナル駅は、幾つもの路線が集まっていて絶えず混雑している。乗り換えは複雑ではあるけれど、比較的スムーズに移動できる駅がある一方で、分かりにくく不便な駅もある。まずは、そんな使い勝手の悪い、残念な駅、さらに、かつては栄えたのに時代とともにさびれてしまった残念な駅を取り上げてみた。

複雑でしかも混む！

1　渋谷駅（東京都渋谷区）

複雑すぎて分かりにくいと困惑する人が多いターミナル渋谷。2013年3月に東急東横線の渋谷駅が地下駅となり、東横線からJRや他線への乗り換えが旧駅に比べて時間がかかるようになった。以後、不便で面倒な駅になったとの不満の声が絶えない。

もっとも、渋谷駅の利用者が多すぎてパニック状態になったので、それを回避するために渋谷駅で乗り換えをすることなく、地下鉄副都心線へ直通するよう誘導しているともいえる。それでも面倒になったことは確かだろう。また、JR埼京線ホームも山手線から遠く離れていて不便だったが、２０２０年6月に山手線ホームと並ぶ位置に移設され、不便な状況は解消された。

ほかには、東急田園都市線と地下鉄半蔵門線の駅がホーム1面2線と狭くて常時異常なほど混雑している。地形や周囲のビル群との関係でこれしか用地がなかったのだが、これほどまでに利用者が増えるとは予測できなかったのだろうか？　今となっては、どうしようもない。

ともあれ、なるべく利用したくない駅として挙げる人が多い「残念な」ターミナルである。

2　名鉄名古屋駅（愛知県名古屋市）

ＪＲ名古屋駅の東側地下にある名鉄名古屋駅は、名古屋鉄道（名鉄）の最も主要なターミナル駅だ。にもかかわらず、ホーム3つに線路は上下線1本ずつの3面2線で、待避線が全くない必要最小限の設備しかないことに驚いてしまう。そこへ各線の電車が入り乱れて次々と発着するのだから、その曲芸的なやりかたには逆に感心してしまう。

電車の行先も多様で、しかも運用の都合もあって、佐屋行き、新可児《しんかに》行き、須ケ口行き、豊明行き、吉良吉田行き、などという地元以外ではマイナーな行先の電車が入ってくれば、混乱して近寄りがたい旅行者は多いのではないだろうか？　誤乗を防ぐために、電車の乗車位置をこまめに変えているのも、慣れないとまごつく一方であろう。

将来的には駅改良計画があり、中部国際空港行き特急の専用ホームを含め4線（面数は不明）になるそうだが、まだ着工には至っていない。

狭かったり遠かったり

3 東武鉄道　浅草駅（東京都台東区）

都内から北関東へ路線を張りめぐらせる東武鉄道の歴史あるターミナルが浅草駅である。だが、古さゆえにいくつもの問題点が指摘されている。デパートの建物に入った頭端式《とうたんしき》ホームであり、発車すると右に急カーブして隅田川を渡る。そのため、ホーム先端が急カーブしていて、広くあいた電車とホームの間は渡り板を使って乗り降りする。さらにホームの長さの関係から優等列車は20m車6両編成が限度で、ホームの延伸も無理、これ以上の増結は不可能となっている。

沿線からの通勤客は、相互直通運転を行う地下鉄日比谷線、半蔵門線といった別ルートで分散を図っているが、座席指定の優等列車はJR新宿駅発着の相互直通特急もあるものの、浅草駅発着がメインだ。特急の目的地である日光エリアは国際的観光地だけに、抜本的対策が求められている状況だ。（P292も参照）

4 西武新宿駅（東京都新宿区）

JR新宿駅には隣接して小田急と京王の新宿駅があり、地下鉄丸ノ内線、都営新宿線の駅もそれほど離れてはいない。ところが西武新宿駅だけは、ひとり超然と離れていて、JRの駅からは徒歩で6～10分ほどかかる。しかも連絡ルートがわかりにくく、地下にもぐってしまうと迷う人が続出するありさまだ。

もともと西武新宿線はJR新宿駅東口の駅ビルに乗り入れる計画があった。しかし、諸般の事情から断念し、仮駅として暫定的に開業した現在の西武新宿駅がターミナル駅となってしまったという経緯があるのだ。バブルの頃には西武新宿線複々線化が計画され、急行線を地下深くに建設し、JR新宿駅と乗り換えがしやすい位置に移設する案もあったが、これもバブル崩壊とともに立ち消えとなってしまった。
何とも中途半端な位置に固定してしまったものだが、せめて地下の連絡道を整備し、案内板を分かりやすく表示するなりしてほしいものである。

5　東京駅の京葉線ホーム（東京都千代田区）

東京駅は巨大ターミナルとして発展している。構内は比較的分かりやすいほうだが、その中でいちばん残念なのは、京葉線ホームが離れすぎていることだ。お隣の有楽町駅のほうが近く、品川方面からやってくるのなら、有楽町駅で一旦改札口を出たほうが近いといわれているほどだ。幻となった成田新幹線の予定ホームを転用したといわれているが、遠いことには変わりない。動く歩道が整備されていて迷うことはないけれど、時間的に余裕がないと利用できない遠さは、残念というほかない。

観光客も多いが乗り換えは面倒

6　東海道・山陽新幹線　新大阪駅（大阪府大阪市）

この駅で問題となるのは、東海道新幹線から「さくら」「こだま」など山陽新幹線新大阪始発列車への乗り換えである。その多くは片面ホームの20番線から発車するため、一旦、階段やエスカレーター、エレベーターでコンコースへ下りて移動しなければならない。

東京方面からの列車が22番線に到着し、同じホームの21番線から山陽新幹線の始発列車が出るようにすれば乗り換えがスムーズなのに、そうしたやりかたを取っている列車は極めて少ない。

新大阪が終点の列車から、「さくら」に乗り換えようとするときは、乗り換え時間の余裕を十分取っておいたほうがよい。また、新大阪以遠へ行く「のぞみ」から「みずほ」「さくら」といった九州新幹線直通列車に乗り換えるなら、新神戸での乗り換えが便利かもしれない。JR東海とJR西日本の力関係を垣間見ることのできる一例であろうが、残念なことである。

7　京都市内のターミナル（京都府京都市）

観光客が利用することの多い京都駅なのに、常時使っている人でないと分かりにくいことが多々ある。ひとつは、新幹線から山陰線への乗り換え。コンコースや連絡橋を通り抜けて、さらに先へと進まなければならない。10分はかかるとみておいたほうがいいだろう。

新幹線から私鉄各線への乗り換えは、奈良方面へ向かう近鉄を利用する場合は、近くて便利だ。しかし、阪急や京阪に乗り換えようとすると、JR京都駅に乗り入れていないので大変面倒である。京阪の場合は、JR奈良線を1駅利用して東福寺駅で乗り換えると三条駅や出町柳駅へ行ける。阪急の場合は、地下鉄で北上すると、2つ目の四条駅が阪急京都線の烏丸駅への乗換駅となる。

いずれにせよ、ちょっと分かりにくいのが京都市内の鉄道ターミナル事情である。

8　札幌駅（北海道札幌市）

JR各線は函館本線、千歳線、それに桑園《そうえん》駅から札沼《さっしょう》線（学園都市線）が乗り入れ、各線の乗り換えはわかりやすい。ところが、北海道新幹線の札幌駅を新設するにあたり、迷走に迷走を重ね、ようやく「大東案」に決定した。しかし、在来線との乗り換えを考えると現駅に隣接した場合と比べ3倍近い距離を歩くことになるという。札幌駅で新幹線と在来線の乗り継ぎをする人は多くないので、それほど問題にはならないという考え方もあるようだが、果たして将来に禍根を残さない最適な選択だったのだろうか？　残念なターミナルとならないことを祈るばかりである。

かつての繁栄は今……

9　上野駅（東京都台東区）

かつては東京の北の玄関と呼ばれ活況を呈した上野駅は、東北・上越新幹線の起点が東京駅となりすっかりさびれた感がある。地下深いところにある新幹線の上野駅は、東京駅に比べると閑散としている。

在来線も、上野東京ラインができて通過駅となってしまったので、とりわけ地上ホームはさびれてしまった。夜行列車が発着した13番線も栄光は過去のものとなり、わずかに豪華列車「トランスイート四季島」が使う13・5番線のみが、列車発着時ににぎわうのみだ。多くのホームが、そのスペースをもてあましぎみで、何とも淋しくなってしまったターミナル駅である。（P289も参照）

10　両国駅（東京都墨田区）

この駅が東京都内のターミナル駅だったことを若い人は知らないであろう。房総方面へのターミナル駅としてにぎわった両国駅は、1972年7月の総武快速線東京地下駅への乗り入れ開始とともに事実上その役目を終えた。隅田川地下トンネルの出入り口やその急勾配のため両国駅に快速線のホームは設置されず、特急列車は隣の錦糸町駅を代替の停車駅とした。

僅かな優等列車が両国駅発着で残ったものの、次第に本数を減らし、今では臨時列車やサイクリストのための企画列車B.B.BASE（サイクルトレイン）の始発駅として気を吐くのみだ。都営大江戸線の両国駅は、中途半端な場所にできて乗り換えも不便で、時代の流れとはいえ両国駅の現況をみると「残念」というほかない。（P293も参照）

今ではわが世の春を謳歌している東京駅も、遠い将来、リニアのターミナルとして発展する品川駅にとって代わられるかもしれない。未来永劫、繁栄を約束されている駅などないのだ。

4時間近く列車が停まらない駅もある！

本数や場所が不便……「残念な新幹線駅」10

ざんねん10

1　新富士駅（東海道新幹線／静岡県）
2　三河安城駅（東海道新幹線／愛知県）
3　岐阜羽島駅（東海道新幹線／岐阜県）
4　新尾道駅（山陽新幹線／広島県）
5　筑後船小屋駅（九州新幹線／福岡県）
6　安中榛名駅（北陸新幹線／群馬県）
7　白石蔵王駅（東北新幹線／宮城県）
8　奥津軽いまべつ駅（北海道新幹線／青森県）
9　木古内駅（北海道新幹線／北海道）
10　新函館北斗駅（北海道新幹線／北海道）

新幹線の駅といえば、大都会の中心部にあってアクセスも良く、都市間移動なら航空機より使いやすいこともあり、それが新幹線の利点でもある。ところが、同じ新幹

「こだま」のみ停車の三河安城駅

線の駅でも、首をかしげたくなるような不便なところに駅があったり、発着本数が少なく使いものにならなかったりする駅もある。ここでは、そうした「使い勝手の悪い残念な新幹線の駅」をピックアップしてみた。

在来線乗り継ぎには不便な駅

1　新富士駅（東海道新幹線／静岡県）

　1988年に、掛川駅、三河安城駅とともに開業した後発駅。東海道新幹線の駅としては、唯一、他の鉄道路線との接続がない駅である。いちばん近いJR東海道本線と身延《みのぶ》線の富士駅へは、バスで7分ほど、クルマで5分ほどかかる。パーク&ライド方式で新幹線を利用する利用者にはとくに問題ないが、在来線との乗り継ぎを考えると不便な駅である。

　もっとも、在来線の富士駅や身延線を利用したいならば、「ひかり」の停車する三島駅や静岡駅で在来線に乗り換えれば済む話で、身延線方面へ行くなら、静岡駅で特急「ふじかわ」に乗り換えるほうが、一旦戻る形にはなるけれど便利であろう。そうなると新富士駅の存在価値がなくなる。ただし、列車本数が増えた現在、「こだま」

を待避させる駅が必要なので、そのためには欠かせない駅なのかもしれない。

2 三河安城駅（東海道新幹線／愛知県）

東京方面から乗車すると、名古屋駅のひとつ手前の駅となる。「こだま」しか停車しないので、東京や新横浜からだと、5〜6回「のぞみ」「ひかり」の通過待ちあわせを経て、2時間半あまりで到着する。一応、JR東海道本線の三河安城駅とつながっているけれど、乗り換えにやや時間がかかるうえ、新快速も快速も通過なので不便だ。

駅前からクルマで豊田市や三河各地に行くのに使えるけれど、「のぞみ」で名古屋駅まで行き、そこから東海道本線や名鉄電車で目的地に向かったほうが便利そうだ。「のぞみ」で名古屋へ向かうときに、「ただいま、三河安城駅を定刻に通過しました。あと10分ほどで名古屋に到着します」というアナウンスの目印にだけ有益な駅といわれては悲しい話である。

3 岐阜羽島駅（東海道新幹線／岐阜県）

「政治駅」の代表のように噂される駅である。駅前に地元の有力代議士だった大野伴睦夫妻の銅像が立っているので誤解されやすいけれど、決してごり押しして造った駅ではない。とはいえ、何もない田圃の真中にできた岐阜羽島駅は、今でも決して開けた場所ではない。岐阜県唯一の新幹線駅であり、開業後18年経った1982年に隣接して名鉄新羽島駅ができ、県庁所在地の岐阜市内の名鉄岐阜駅まで直通電車で30分ほどの距離になった。（P209も参照）

しかし、利用状況は芳しくない。なぜならば、岐阜へは名古屋駅からJRの新快速や快速電車で20分弱（15分ごと）、名鉄特急でも約30分なので、岐阜羽島駅を利用するより名古屋駅経由のほうが圧倒的に便利だからである。岐阜羽島駅に関しては、昼間は1時間に、ひかり1本・こだま1本しか停車せず、名鉄新羽島駅も名鉄岐阜への直通電車は15時〜19時および22時台以降に30分ごと。唯一の取りえは、駅前に駐車スペースがあり、高速道路のインターチェンジも近いので、観光バスに乗り換えやすいこと。高山や北陸方面へ向かうツアーの乗り継ぎには、よく使われる。

隣の駅までの距離が近い……

4 新尾道駅（山陽新幹線／広島県）

1988年に開業した請願駅（地方自治体、地元住民などの要望により開設された鉄道駅）。他の鉄道路線と接続せず、隣の福山駅、三原駅との距離が新幹線の駅間としては短いこともあって、利用客が低迷している。尾道市街とは離れているうえ、隣の福山駅には「のぞみ」の一部列車（1時間に1本程度）と「さくら」も停車するので、ここで山陽本線に乗り換えれば20分ほどで尾道駅に着く。デイタイムは、1時間に1本「こだま」が停車するだけなので、ますます利用客は福山駅に流れていく。請願駅の失敗例としてやり玉に挙がることもあるとは残念な話である。

5 筑後船小屋駅《ちくごふなごや》（九州新幹線／福岡県）

久留米駅と新大牟田駅の間にある駅。隣の駅までの距離は20㎞未満で、当駅がなくても困らないであろう。駅周辺には家屋は少なく、新幹線の駅ができたのが不思議なくらいである。在来線が並行していて、もともとあった船小屋駅を南に500m移設して新たに開業した。

かつての船小屋駅は普通列車しか停車しなかったが、新幹線開業に合わせて筑後船小屋駅には快速が停車するようになった。あれば便利ではあるけれど、「政治駅」の噂もある。利用者が多くないので、そのようなこともささやかれるのであろう。デイタイムは、「つばめ」が1時間に1本発着している。

続いて、東日本、東北方面の駅を見てみたい。

6　安中榛名駅《あんなかはるな》（北陸新幹線／群馬県）

高崎駅と軽井沢駅の間にある山の中の駅。駅前に商業施設はなく、JR東日本などが開発した住宅地があるのみである。利用者数は低迷し、1日平均300人前後だ。長野駅止まりの「あさま」のみが停車するので、この駅から長野駅より先の富山、金沢方面へ行く場合は乗り換えが必要となる。停車する列車本数は少なく、1時間に1本あるかないかで、長野行きの場合、10時51分発の次は、13時11分まで2時間20分間隔があいてしまう。東京行きは、10時から16時までは、ほぼ2時間に1本となる。駅前に発着するバスの便も悪く、駅周辺に用がなければ降りる機会もないであろう。

7 白石蔵王《しろいしざおう》駅（東北新幹線／宮城県）

東北本線の白石駅とは微妙に離れた位置にあり、歩ける距離ではない。蔵王を名乗りながら蔵王へ行くバスは定期的にはなく、タクシーもしくはレンタカーを利用するしかない。東京と仙台の間を各駅に停車する「やまびこ」は、白石蔵王駅のみ通過という悲惨な状況であり、停車するのは、山形新幹線「つばさ」を併結し、福島駅で切離しを行う「やまびこ」（小山、那須塩原、新白河は通過）という変則的なダイヤで、朝と夜の一部の時間帯を除き、1時間に1本の列車が発着するのみである。駅付近には「ホワイトキューブ」という文化体育活動センターやＮＥＣの事業所があるくらいだ。あまり利用価値が高い駅とはいえない。

1日上下7本だけの新幹線駅

8 奥津軽いまべつ駅（北海道新幹線／青森県）

北海道新幹線の青函トンネルよりも南、青森県にあるＪＲ北海道所属の唯一の駅である。隣接してＪＲ東日本の津軽線津軽二股《つがるふたまた》駅があるけれど、ほとんど接続を考慮していない。1日上下7本ずつしか発着しない超ローカル線並みのダイヤで（通過列車が多い）、間隔が2～3時間開くことはザラ、4時間近く発着列車がない時間帯もある。利用者数は少なく、100人未満で、全国の新幹線駅では最低となっている。津軽鉄道の終着駅津軽中里駅とを結ぶバスがあるので、利用してみるのもいいかもしれない。（P334も参照）

9　木古内《きこない》駅（北海道新幹線／北海道）

青函トンネルの北側、下り新幹線列車が北海道に上陸して最初に停車もしくは通過するのが木古内駅である。かつてのJR江差線で廃止を免れた木古内―五稜郭間は、第三セクター道南いさりび鉄道となり、ここ木古内駅が西の起点となる。

木古内に停車するものの奥津軽いまべつ駅は通過する列車が1本あるので、奥津軽いまべつ駅よりは1往復多い上下とも8本の列車が停車する。とはいえ、4時間近く停車する列車のない時間帯があるのは、新幹線の駅としては異例であろう。それにしても、北海道新幹線と道南いさりび鉄道の接続は、ほとんど考慮されておらず、鉄道旅行者にとっては利用しづらいことこの上ない。利用促進のためには、そうしたこと

も改善していく必要があるのではないだろうか。（P333も参照）

新幹線最北の駅はちょっと不便

10 新函館北斗《しんはこだてほくと》駅（北海道新幹線／北海道）

北海道新幹線の当面の終着駅であるから、それなりの利用者がいるのは当然であるけれど、決して使い勝手が良い駅ではない。新函館北斗という駅名の通り、函館市内ではなく隣接する北斗市内にあるため、函館市内のターミナル駅である函館駅に行くには、「はこだてライナー」など接続列車に乗り換える必要がある。所要時間は速達列車で15分だ。

函館発の「はこだてライナー」から東京行きの新幹線に乗り換えるときは、段差のない平面移動で済むけれど、新函館北斗駅到着の新幹線の場合は、一旦、コンコースへ上がり、再度、在来線ホームへ下がる手間が必要だ。しかも、エスカレーターに乗客が殺到するためスムーズに移動できず、慢性的な渋滞となってしまう。重い荷物を抱えたまま階段を使わざるをえない乗客も少なからず見かける。暫定的な終着駅なので、必要最低限の設備しか造っていないのが原因であろう。

また、この駅は、乗換駅としての位置付けで、滞在する人がかなりいるとは想定していないからか、駅ナカや駅近の商業施設ははなはだ不足している。列車の遅延などで足止めをくらったときは、混乱が生じやすい欠点がある（意外にちょくちょく在来線特急列車の遅延などトラブルが発生しているのが現状だ）。そんな意味で、使い勝手の悪い駅として挙げざるを得ない。乗り換えに苦労して、二度と列車は利用しないという悪い印象を与えてはマイナスであろう。少しでも改善してもらいたいものだ。（P332も参照）

以上、二次交通の不便な駅、他の駅やルートを使ったほうが便利な駅、停車する列車が極端に少ない駅など、何かと問題のあるわけありの新幹線駅を挙げてみた。せっかく莫大な建設費をかけて造ったのであるから、使い勝手が良くなるように改善できるところは直してもらいたいと思う。

壮大な構想が挫折…実現可能性ある路線も

ここで終点は残念、延伸すれば便利な駅10

1 方南町駅（丸ノ内線支線／東京都杉並区）
2 西馬込駅（都営浅草線／東京都大田区）
3 大師前駅（東武大師線／東京都足立区）
4 光が丘駅（都営大江戸線／東京都練馬区）
5 唐木田駅（小田急多摩線／東京都多摩市）
6 上北台駅（多摩都市モノレール／東京都東大和市）
7 是政駅（西武多摩川線／東京都府中市）
8 浦和美園駅（埼玉高速鉄道埼玉スタジアム線／埼玉県さいたま市）
9 三崎口駅（京急久里浜線／神奈川県三浦市）
10 ちはら台駅（京成千原線／千葉県市原市）

京急久里浜線の三崎口駅

都心の駅の中にも、他の路線と接続しない行き止まりの駅がある。さらに延伸して他の路線と乗り換えができるようになれば便利なのにと思う。中には、延伸の構想や要望はあったものの実現しないまま今に至っているものもある。本項は、そうした中途半端で「残念な」終着駅を挙げてみた。

23区内の行き止まり駅

1　方南町《ほうなんちょう》駅（丸ノ内線支線／東京都杉並区）

東京メトロ丸ノ内線には、中野坂上《なかのさかうえ》から分岐して方南町に至る支線がある。23区内の鉄道空白地帯を少しでも減らすことに貢献してはいるが、何とも中途半端な感じが否めない。

実際、過去には井の頭線西永福あたりを経由して、さらに延伸する話もあったようだ。ところが、方南町は長い間、3両編成の電車しか停車できず、延伸後、増加する乗客を中野坂上で本線の電車に乗り換えてもらうと大混乱に陥るとか、延伸エリアの縄張り調整ができなかったなどのさまざまな要因があって、いつしか構想は具体的な計画に固まるには至らないまま消えてしまったといわれている。

方南町のホームは、最近になって6両編成に対応するための工事が完了し、方南町発池袋行きの電車が昼間は1時間に3本も走るようになった。せめて西永福あたりまで延びてくれれば井の頭線と乗り換えができ、バスに頼らなくても渋谷方面へ抜けられるのだが……。

現状では、方南町からいちばん近い鉄道駅は京王線の代田橋で歩くと20分もかかる。23区内にもかかわらず不便なエリアだ。（P203も参照）

2 西馬込駅《にしまごめ》（都営浅草線／東京都大田区）

中途半端なところで終わっている地下鉄線として、もうひとつ都営浅草線の南端西馬込も挙げておこう。浅草線は第二京浜（国道1号）の下を走っているので、そのまま南下することは可能であろうが、1968年に西馬込まで開業して全線開通となったままま、その後の動きは全くない。

1985年に公開された運輸政策審議会答申第7号には、西馬込から神奈川県方面への延伸が「今後整備について検討すべき」と記されていた。

多摩川を越えて川崎市内へ延びるのかという期待を抱かせたのだが、2000年の運輸政策審議会答申第18号では、都営浅草線の東京駅乗り入れが答申されているものの、西馬込以南への延伸は削除されてしまった。

西馬込の南に隣接する大田区池上付近は東急の縄張りなので、都心へ乗り換えなしに行ける浅草線ができれば東急池上線や同多摩川線（当時は目蒲線）が大打撃を受けるなどとして反対にあったともいわれているが、真偽のほどはわからない。

3 大師前《だいしまえ》駅（東武大師線／東京都足立区）

東武伊勢崎線（スカイツリーライン）西新井駅から1駅だけ西へ延びる盲腸線（行き止まりの短い鉄道路線）の大師線。西新井大師への参詣路線の感があるけれど、実は、環七通りに沿って東武東上線上板橋に至る西板《にしいた》線として計画された路線の一部が先行開業したものだった。

線路が直接つながっていない東武伊勢崎線系統と東上線をつなぐ予定だった西板線は、関東大震災の影響や諸々の問題が山積みし、建設に着手しないうちに市街地化が急速に進み工事が困難になってしまった。建設費が高額となったこともあり、延期しているうちに免許は失効、ついに幻の路線となってしまった。

東武鉄道としての延伸は夢と消えたけれど、区部周辺部環状公共交通（メトロセブン、エイトライナー）の構想が持ち上がっている。環七、環八の道路下に地下鉄を通そうとするもので、実現すれば、大師線区間は、その一部になるであろう。まだまだ構想段階ではあるけれど、西板線の夢は遠い将来にかなうかもしれない。（P197も参照）

4 光が丘駅（都営大江戸線／東京都練馬区）

都営大江戸線の練馬区内の終点光が丘。大規模団地のアクセス路線として機能しているが、さらに延伸する計画がある。練馬区内の大泉学園町を経由して東所沢方面に至るというものだ。

このうち練馬区内の区間については、大江戸線の線路の地上部分となる道路の整備が進んでいる状況だ。すでに具体的な計画は煮詰まりつつあり、西武池袋線の大泉学園駅から北へ２㎞ほどのところに大泉学園町駅（仮称）を造る。

さらに、光が丘との間に途中駅として2駅設置予定だ。地元では早期着工の要請活動を進めているので、実現の可能性は高い。23区内では数少ない鉄道空白地帯のひとつであるだけに、完成すれば沿線の利便性は大幅に向上するであろう。

郊外の行き止まり終着駅

23区以外の多摩地区、神奈川、埼玉、千葉にも延伸が取りざたされている行き止まり終着駅がある。その現状を見ておこう。

5 唐木田駅《からきだ》（小田急多摩線／東京都多摩市）

小田急が多摩ニュータウンへのアクセス路線として建設した多摩線は、１９７５年に小田急多摩センターまでが開通し、その後、１９９０年に唐木田まで1駅延伸された。多摩センターまで並走してきた京王相模原線とは分かれ、独自に相模原市（神奈川県）方面への延長を暗示するかのような唐木田駅設置だった。

２００６年に相模原市の在日米軍相模総合補給廠《ほきゅうしょう》の一部返還が決まったことで相模原市と町田市（東京都）は具体的な延伸検討に入り、２０３０年代前半までの実現を目指している。これによると、相模原でＪＲ横浜線と交差し、ＪＲ相模線上溝《かみみぞ》に至るルートが提言されている。決して夢物語ではないが、完成まではどのくらいかかるのだろうか？

6 上北台駅《かみきただい》（多摩都市モノレール／東京都東大和市）

多摩都市モノレールは、南の終点は多摩センターで京王相模原線と小田急多摩線と接続しているが、北の終点上北台は行き止まりの終着駅である。

もともとの構想では、多摩地区を8の字形に結ぶ路線網として計画されているので、南北どちらも延伸できるように造られている。このうち、上北台から箱根ケ崎までの区間は、2020年1月、着工が正式に決定した。ただし、具体的な時期は未定だ。

多摩地域の市の中で唯一鉄道が通っていない武蔵村山市を通るので、地元では開業が熱望されている。

7 是政駅《これまさ》（西武多摩川線／東京都府中市）

他の西武線とはつながっていない孤立した路線で、他線との接続は起点の武蔵境（JR中央線）のみである。途中で京王線と交差するものの駅はなく、最も近い白糸台（西武多摩川線）と武蔵野台（京王線）の距離は徒歩で10分程度と離れている。

是政は行き止まりの終着駅で、すぐ南を多摩川が流れている。駅前の府中街道を進んで多摩川を渡るとJR南武線の南多摩駅がある。かつては、右折して北に向かい東京競馬場へ延伸する計画や、多摩川を渡って多摩ニュータウンへ向かう構想もあったが、具体化しないうちに消えてしまった。多摩川の砂利輸送のために開通した路線だが、砂利採取がなくなり旅客輸送のみとなった現在、何とも中途半端な路線として残っている。

8　浦和美園駅（埼玉高速鉄道埼玉スタジアム線／埼玉県さいたま市）

東京メトロ南北線と一体化し、赤羽岩淵駅（東京都北区）以北、浦和美園までの区間が第三セクター埼玉高速鉄道だ。埼玉スタジアム線の終点、浦和美園は車両基地のある行き止まりの終着駅で、さらに北を目指す延伸計画がある。

かなり具体的になっているのが、東武野田線の岩槻までの区間で、これなら野田線沿線からの利用者も見込める。

また浦和美園は埼玉スタジアムの最寄り駅であるが、歩くと15分はかかる。何とも中途半端な距離であり、当初2020年に予定されていた東京オリンピックまでに1駅延伸してほしいとの要望が出ていた。これくらいは早期実現してもいいのではとも思う。

9 三崎口駅（京急久里浜線／神奈川県三浦市）

京急本線から続く久里浜線の終点で、品川方面からの快特の終着駅だ。

本来は、三崎港まで延伸する構想だったが、三崎港付近の用地確保が困難なことから油壺《あぶらつぼ》までとしたものの、環境問題などで難航し、暫定的なターミナルのはずだった三崎口で延伸はストップ。景気の悪化や沿線人口の減少もあって、２０１６年には事実上延伸を断念することになった。

「みさきまぐろきっぷ」の人気で訪問客が増えているエリアなのにどちらに行くにもバスに乗り換えなくてはならず、かえすがえすも残念なことである。延伸を見越して造った駅の構造が何とも無念だ。（Ｐ32の写真参照）

10 ちはら台（京成千原線／千葉県市原市）

京成千葉線の延伸区間として開通した千葉急行電鉄は、ニュータウンのアクセス路線としてちはら台まで路線を延ばしたところで、経営不振から路線を京成電鉄に譲渡し、京成千原線となった。もともとは小湊《こみなと》鉄道が免許を持っていた路線なので、最終的な終点は小湊鉄道の海士有木《あまありき》駅である。

しかし、バブル崩壊、景気の低迷、少子化などで沿線人口は増えず苦しい状況である。海士有木までの事業免許は2019年10月に着工期限を迎えたものの2029年10月まで延長された。よって延伸の望みは残っている。

首都圏にある行き止まりの終着駅は、壮大な構想の挫折によりやむなく終点となったものが多く、わずかな計画を除いてこのままの状況が続きそうだ。何とも残念なことである。

ざんねん10

目的地までが遠すぎる……「残念な最寄り駅」10

かなり歩く、急な上り坂もあったり

1 森林公園駅（東武東上線／埼玉県滑川町）森林公園へは2.8㎞、シャトルバス土休日のみ
2 読売ランド前駅（小田急小田原線／神奈川県川崎市）バスで10分
3 東海大学前駅（小田急小田原線／神奈川県秦野市）徒歩15分
4 芦花公園駅（京王線／東京都世田谷区）徒歩15分
5 平山城址公園駅（京王線／東京都日野市）徒歩20分
6 百草園駅（京王線／東京都日野市）徒歩10分、上り坂
7 不動前駅（東急目黒線／東京都品川区）目黒不動尊（瀧泉寺）徒歩15分
8 県立美術館前駅（静岡鉄道／静岡県静岡市）徒歩15分、上り坂
9 富士山駅（富士急行／山梨県富士吉田市）ホームから見えるけれど……
10 羽沢横浜国大駅（相鉄JR直通線／神奈川県横浜市）北門まで700m、徒歩10分

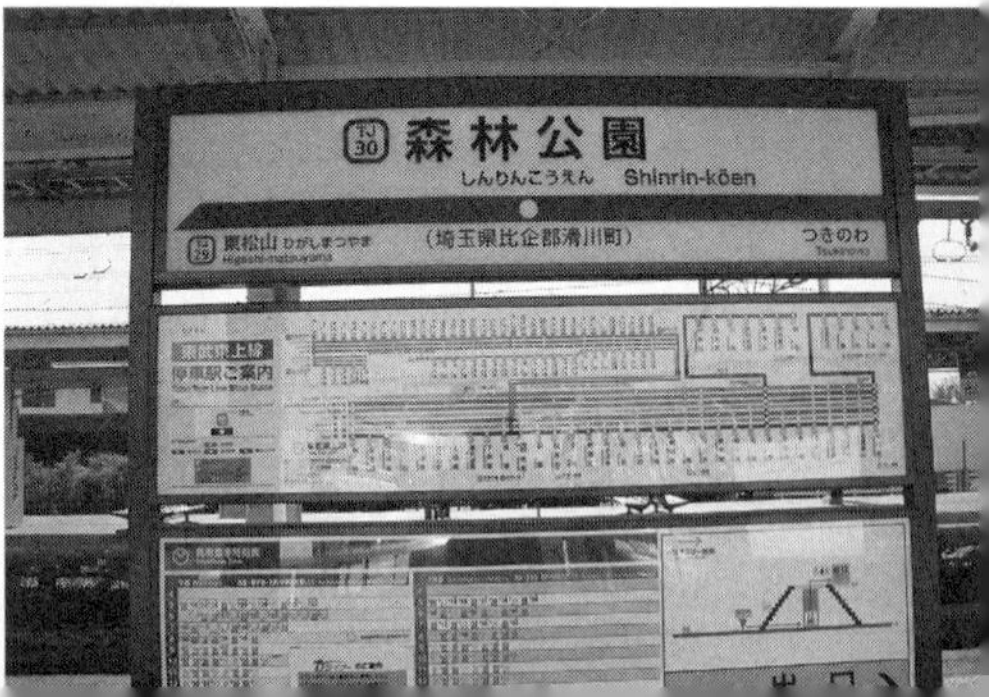

森林公園までは徒歩約40分

駅名が施設名になっていると、下車してから目的地までは、すぐにたどり着けると思うのが自然であろう。駅の目の前に施設があれば便利だが、少しは歩く必要があっても5、6分なら許容範囲かと思われる。

しかし、中にはかなり歩く必要があったり、急坂を上ったりしなければならず、恨めしく思ってしまう「最寄り駅」もある。本項では、そうした意外に遠く、歩くと面倒でがっかりした「残念な駅」を取り上げてみた。

「最寄り駅」から徒歩40分！

1　森林公園駅（東武東上線／埼玉県滑川町）森林公園へは2.8㎞、シャトルバス土休日のみ

森林公園というのは全国に何ヵ所もある。その中で森林公園駅というのは、東武東上線（埼玉県）とJR函館本線（札幌市）の2ヵ所にある。埼玉県の森林公園は、駅から歩くと相当かかり、東武東上線の場合は距離があるので、バスに乗るしかないであろう。

直通バスは土日祝のみしか運行されない。平日は、森林公園西口を通る路線バスが

30分ごとに走るのみで本数は少ない。国営武蔵丘陵森林公園のＷＥＢサイトには「徒歩でご来園いただく場合は、南口まで約３㎞（約40分）です」とある。

車両基地がある関係で、横浜エリアからも森林公園行きという直通電車が出ている。その駅名に馴染みのある人も多く、気軽な気持ちで駅まで行ってみると、公共交通機関によるアクセスが良くないので残念に思う人が出てくるであろう。

2 読売ランド前駅（小田急小田原線／神奈川県川崎市）バスで10分

遊園地よみうりランドへ鉄道を使って行くなら、現在では京王相模原線の京王よみうりランド駅で降り、スカイシャトルというゴンドラで行くのがメインルートとなっている。

しかし、京王よみうりランド駅が開業した１９７１年より前は、小田急線の読売ランド前駅しか最寄り駅がなかった。もともとは西生田駅だったものを、よみうりランドへのアクセス駅として無理やり改名したような感もある。したがって、「前」といっても歩いて行ける距離ではなく、路線バスで10分ほどかかる。

3 東海大学前駅（小田急小田原線／神奈川県秦野市）徒歩15分

小田急小田原線に乗って、町田に停まり、さらに本厚木を過ぎると東海大学前という駅がある。この駅は、かつては大根《おおね》駅と呼ばれていたものを、１９８７年に東海大学前と改名したものである。

駅の南方１㎞以上先に東海大学湘南キャンパスが開設されたため便宜を図って改称されたのだ。しかし、広大なキャンパスの北門まででも歩いて15分かかるので初めて訪問する人は驚くであろう。

小田急線には、成城学園前、玉川学園前という大学の最寄り駅があるけれど、いずれも駅から至近距離にあり便利この上ない。それと比較すると残念な気もする。

隣駅のほうが便利？

4 芦花公園《ろかこうえん》駅（京王線／東京都世田谷区）徒歩15分

芦花公園とは、明治から大正にかけて活躍した小説家徳富蘆花《とくとみろか》の旧宅を中心に武蔵野の面影を残した蘆花恒春園を中心に整備されている公園のことである。徳富蘆花ゆかりの品を展示した記念館もある。ただ、京王線の芦花公園駅から決して近いとはいえない。

駅南口から狭くて歩きにくいバス通りを進み、芦花公園西という交差点を左折すると到達できるのだが、そこまで15分ほどかかる。ちょっと面倒なので、途中にある世田谷文学館に立寄って満足し、予定を変更する人がいるかもしれない。

蘆花恒春園を訪問するなら、むしろ京王線でひとつ新宿寄りの八幡山駅で降りて、環八通り沿いに歩いたほうが分かりやすいかもしれない。所要時間も同じようなものである。八幡山駅は快速も停車するので、各停しか停まらない芦花公園駅より本数が多いのも便利だ。

芦花公園は名前の響きもイメージも良いし、周囲は世田谷の住宅地なので、その名を冠したマンションが、このエリアには山ほどある。公園とは反対方向の北口方面にもそうしたマンションがいくつもあるので惑わされないように注意したい。

もっとも、徳富蘆花については作品を読むどころか名前すら知らない人が多数であろうから、わざわざ公園に行こうと思う人は少数派かもしれない。残念ではあるが、それが現実である。

5 平山城址公園駅《ひらやまじょうしこうえん》（京王線／東京都日野市）徒歩20分

京王線に乗って八王子方面へ向かい、特急停車駅高幡不動で各駅停車に乗り換えると、2つ目が平山城址公園駅である。一般的には、マイナーな公園だが、半世紀以上前に京王電鉄が開発してハイキングコースとして整備されたので駅名となった歴史がある。

現在では、丘陵に広がる住宅地であり、東京薬科大学のキャンパスもあるので、わざわざ公園目当てに訪れる人はどのくらいいるのであろうか？　歩けば20分以上、それも上り坂が続くので若者ならいざ知らず、ラクに到達できるところではなかろう。芦花公園同様、住宅地の駅名としてはイメージが良いので、公園までのアクセスが不便であっても改名されることはないと思われる。

距離よりも急坂がつらい……

6 百草園駅《もぐさえん》（京王線／東京都日野市）徒歩10分、上り坂

梅の名所として知られる百草園。歴史ある日本庭園は京王百草園の名のように、現在では京王電鉄が所有している。そのせいもあって、2月の梅まつりには特急が臨時

停車することもあった。駅から百草園までは徒歩10分ほどなので、それほど遠いという感じはしない。ただし、途中からかなりの急坂となり、梅を見ようと訪れる人たちの中で目につく高齢の女性にはつらいものがある。それを考えると、決してアクセスが容易とはいえないだろう。

百草園駅前は狭く、タクシーが常駐していないので、むしろ特急停車駅の聖蹟桜ヶ丘駅や高幡不動駅からタクシーを利用すれば10分ほどで到着できる。百草園の公式サイトにもその旨記載があるので、駅名にとらわれないほうがいいかもしれない。

7 不動前駅（東急目黒線／東京都品川区）目黒不動尊（瀧泉寺）徒歩15分

東急目黒線（かつての目蒲線）の目黒駅の次は不動前駅という。便利で、そこそこ賑やか、少し進めば落ちついた住宅地というロケーションで人気あるエリアである。住みやすいと勧める人もいる。そうした人たちに、不動前の不動って何？　と聞くと知らないという。完全に地名となっていて不動前が何を意味するか調べたこともないのであろう。

不動前の不動とは目黒不動尊のことである。正式名は瀧泉寺《りゅうせんじ》。江戸三大不動、五色不動のひとつとして古くから知られてきた。しかし、不動前とはいっても駅の近くにはなく、歩けば少なくとも15分はたっぷりかかるだろう。目黒駅からよりは近いので、一応最寄り駅らしいけれど、前という駅名にはやや違和感がある。

歴史的には当時の鉄道会社の重役で後に東急電鉄の社長になった五島慶太《ごとうけいた》が、集客のために敢えて不動前を駅名にして成功したとの逸話がある。

首都圏の駅が続いたので、次に、やや離れたエリアの駅を2つほど紹介しておこう。

8　県立美術館前駅（静岡鉄道／静岡県静岡市）徒歩15分、上り坂

静岡市内の新静岡駅と新清水駅とを結ぶ静岡鉄道静岡清水線は、昼間でも6～7分ごとという頻繁な運転本数で便利な乗り物となっている。途中には、県総合運動場と県立美術館前という駅があり、総合運動場のほうは、駅から歩いて3分ほどなのでアクセス良好である。

一方、県立美術館のほうは、前と駅名に付いているにもかかわらず、意外に離れている。駅を出ると、広い道を南東方向に歩いて行くのだが、ゆるやかな上り勾配にな

っている。途中からは美術館へのアクセス路にふさわしく、沿道に彫刻が置いてあったりと雰囲気はいいのだが、なかなかたどり着けない。たっぷり15分ほどかかって敷地内に到着する。至近距離にある運動場駅には「前」が付かないで、美術館の遠い「最寄り駅」には前が付く不思議さ。逆だろうと思ってしまう。

9 富士山駅（富士急行／山梨県富士吉田市）ホームから見えるけれど……

大月駅と河口湖駅からやってきた電車は、行き止まりのこの駅で進行方向を変え、それぞれの目的地を目指して発車していく。長らく富士吉田駅として親しまれてきたが、２０１１年7月1日を期して富士山駅と改名された。

訪日外国人を含めた大勢の観光客に富士山にいちばん近い駅であることをアピールするために駅名を変更したとされる。水戸岡鋭治《みとおかえいじ》氏（インダストリアルデザイナー。九州新幹線「つばめ」をはじめ数々の鉄道車両や駅舎などのデザインを手がける）がデザインした駅構内のホームには富士山のビュースポットがあり、洒落た椅子に座って富士山の美しい姿を堪能することもできる。

現実的に、この駅から富士山を目指すにはどうするのか？　まずは、富士登山の吉田口の起点といわれる北口本宮冨士浅間神社までは歩いて25分ほどかかる。そうしたしきたりを無視してバスでスバルラインを走って富士山五合目までなら駅前から直通バスで1時間ほどである。スケールの大きな日本一の山なので、むろん駅名にだまされる人はいないだろうけれど、他の最寄り駅とはわけが違うのだ。

10　羽沢横浜国大《はざわよこはまこくだい》駅（相鉄ＪＲ直通線／神奈川県横浜市）北門まで７００ｍ、徒歩10分

最後に、２０１９年11月30日に開業したばかりの駅の話題をひとつ。相模鉄道が東京都心乗り入れを目指して新設した路線に設けられた駅が羽沢横浜国大駅である。ＪＲの貨物専用の横浜羽沢駅に隣接して地下に開業した。

駅名の羽沢は問題ないとして、横浜国大は近くにあるのだろうか？　ぱっと周囲を見渡しても学園都市の雰囲気はない。念のためにと地図を見ると、駅から横浜国大常盤台キャンパスの北門付近までは徒歩10分ほどかかりそうだ。キャンパスは広いので、構内の場所によって所要時間は変わるけれど、とくに理工学部関係が恩恵を受けそうである。

この駅の開業前は、キャンパスへ鉄道で向かうなら横浜市営地下鉄の三ツ沢上町駅

から歩いて15分はかかったので、それに比べたらいちばん近い駅となるのではないだろうか？　もっとも、横浜駅からは行きにくい場所なので、相変わらず地下鉄やバスに頼らざるをえないであろう。もう少し近いとよかったのにと思ってしまう。

ほかにも施設名を冠した駅なのに意外とアクセスが不便な駅はいくつかある。せめてバスなどの便を良くして利便性の向上に努めてほしいと思う。

下調べ必須、とても歩ける距離ではない場合も

まだある？ 全国のJR線「残念な最寄り駅」10

1　五稜郭駅（JR北海道　函館本線、道南いさりび鉄道／北海道函館市）徒歩30分
2　花巻空港駅（JR東日本　東北本線／岩手県花巻市）徒歩45分
3　松原湖駅（JR東日本　小海線／長野県小海町）上り坂を2㎞
4　黒部宇奈月温泉駅（北陸新幹線／富山県黒部市）電車で45分
5　芦原温泉駅（JR西日本　北陸本線／福井県あわら市）バスで10分
6　九頭竜湖駅（JR西日本　越美北線／福井県大野市）徒歩1時間超
7　法隆寺駅（JR西日本　関西本線／奈良県斑鳩町）徒歩20分
8　善通寺駅（JR四国　土讃線／香川県善通寺市）徒歩20分
9　石鎚山駅（JR四国　予讃線／愛媛県西条市）徒歩4時間
10　霧島神宮駅（JR九州　日豊本線／鹿児島県霧島市）徒歩1時間20分

松原湖駅から松原湖までは2㎞

前項の「目的地までが遠すぎる……『残念な最寄り駅』10」の記事は、WEB掲載

時、大変な反響があった。取り上げたのは首都圏中心だったので、続編となる本項では、筆者が独断で各地のＪＲの残念な最寄り駅を選んでみた。

まずは北海道から

1 五稜郭駅（ＪＲ北海道　函館本線、道南いさりび鉄道／北海道函館市）徒歩30分

五稜郭駅は函館駅から札幌駅へ向かう特急列車がすべて停まり、ＪＲ函館本線と道南いさりび鉄道の接続駅になっている。

北海道各地と本州を結ぶ貨物列車はここで機関車の付け替えを行う。車両基地や貨物ターミナルも隣接し、鉄道にとっては重要な駅である。

しかし、駅名ともなった五稜郭は、2.4㎞ほど離れていて、歩けば30分はかかる。バスの便はあるけれど本数は少ない。

公共交通機関を利用する観光客の多くは、函館駅前から路面電車に乗って五稜郭公園前で降り、まずは五稜郭タワーへ向かうのが定番コースと思われる。それでも10分近く歩くことになるのだ。駅名は五稜郭でも、観光地への最寄り駅と思っている人はどれほどいるのだろうか？

2　花巻空港駅（ＪＲ東日本　東北本線／岩手県花巻市）徒歩45分

いわて花巻空港が近いことからＪＲ東北本線の二枚橋駅を１９８８年に改称して花巻空港駅とした。しかし、近いとはいっても空港の敷地、それも滑走路の北端まで歩いて10分ほどの距離にある。

空港利用者にとって必要なのは空港ターミナルビルに近いことなのに、歩けば４㎞近く、時間にして45分はかかる。羽田空港、成田空港、新千歳空港、福岡空港の最寄り駅を連想したらとんでもないことになる。

幸いバスの便があり、駅前から乗車すれば7分程度で到着できる。とはいえ、大きな荷物を持った空港利用者が、わざわざこの駅で降りて、バスに乗り換えるだろうか？　盛岡駅前からスタートするなら、花巻空港駅を経由するとはいえ、直通バスを通しで利用したほうが便利に決まっている。遠くて残念な駅と言わざるをえないだろう。

3 松原湖駅（JR東日本　小海線／長野県小海町）上り坂を2㎞

信州のリゾート地のひとつである松原湖。その名を冠した駅があるのなら利用してみたいところだが、はなはだ不便なロケーションにある。歩けば2㎞以上、それも上り坂が続きへとへとになる。バス停は駅前から坂を上った先にあり、これも楽ではない。どうしても小海線を利用したいなら、隣の小海駅まで行って、そこからバスに乗るのが正解であろう。

4 黒部宇奈月温泉駅《くろべうなづきおんせん》（北陸新幹線／富山県黒部市）電車で30分

宇奈月温泉をアピールしたいために黒部宇奈月温泉駅としたのだが、歩ける距離ではない。下車後、隣接する富山地方鉄道の新黒部駅からさらに電車で30分、特急でも約20分かかるのである。富山地鉄の連絡駅を新黒部としたのは、終点の宇奈月温泉駅と紛らわしいからだ。不慣れな人が富山駅から富山地鉄に乗れば、黒部宇奈月温泉駅で間違えて降りてウロウロしそうだからと思われる。

5 芦原温泉駅《あわらおんせん》（JR西日本 北陸本線／福井県あわら市） バスで10分

かつての駅名は金津駅といい、芦原温泉の最寄り駅である芦原駅まで国鉄三国《みくに》線が出ていた。1972年の三国線廃止後、金津駅は芦原温泉駅と改称された。現在は、特急列車の多くが停車し、宿泊施設の無料送迎バスなら10分ほどで到着できる。便利ではあるが、歩ける距離ではない。

鉄道にこだわるのなら、福井駅でえちぜん鉄道三国芦原線に乗り換えれば、40分ほどであわら湯のまち駅に到着する。電車は、昼間は30分ごとに出ているし、温泉街は徒歩圏内であるので鉄道利用者には便利だ。なお、あわら湯のまち駅はかつての国鉄芦原駅であった。

福井からもう1駅

6 九頭竜湖駅（JR西日本 越美北線《えつみほく》／福井県大野市） 徒歩1時間超

福井駅に発着する越美北線の終点が九頭竜湖駅。当初は越美南線（現在の長良川鉄道）とつないで越美線となるはずだったが、果たせないままで終わってしまった。かつては2つの路線を結ぶバスの便があったが、廃止となり、クルマがない限り通り抜けるのが困難な状況である。駅名ともなっている九頭竜湖は決して駅前にあるわけではなく、九頭竜ダムまででも5㎞以上、歩けば1時間以上かかる。レンタサイクルで湖に行って大変な目に遭ったとの体験談も聞いた。観光シーズンにシャトルバスを運行することがあるそうなので、それに期待したい。

7　法隆寺駅（JR西日本　関西本線／奈良県斑鳩町《いかるがちょう》）徒歩20分

世界遺産にも登録されている法隆寺。JR法隆寺駅が最寄り駅だが、歩けば20分ほどかかる。バスの便もあり、それを利用すれば5分。奈良や京都には寺社の名前を冠した駅が数多くあり、ずいぶん歩かなければならないスポットもあるけれど、その中では、まあ許容範囲であろうか？　法隆寺駅へは大阪駅から直通の大和路快速で39分、昼間は15分に1本出ているので便利ではある。2019年春のおおさか東線の全線開業で新大阪駅からの「直通快速」（朝夕に運行）も停車するようになり、利便性がさらに向上した。

8　善通寺駅（JR四国　土讃線／香川県善通寺市）徒歩20分

弘法大師ゆかりの寺・善通寺。その最寄り駅である善通寺駅から善通寺までは1.4kmほど離れていて、歩けば20分ほどかかる。特急停車駅なので便利はよく、タクシーも駐まっているので利用すれば数分で到達できる。無料の市民バスの便もあり、これなら8分ほどだ。

善通寺駅は、100年以上の歴史がある木造駅舎で国の登録有形文化財に指定されていて、一見の価値がある。なお、善通寺市の中心駅であるという見方をすれば、善通寺から離れていてもとくに問題ないともいえるだろう。

「ゲートウェイ」と考えれば納得

9 石鎚山駅（JR四国　予讃線／愛媛県西条市）徒歩4時間

愛媛県内にある駅で、一見すると不思議な駅名とも思える。駅から石鎚山のロープウェーのふもと駅まででも17kmほど、歩けば4時間近い道のりだからである。

しかし、石鎚山とは山全体を神体山とする御社であって山頂、中腹などにある4つの社を合わせて石鎚神社という。それを考慮すると駅から数分で石鎚神社二ノ鳥居まで行けるので、石鎚山の「ゲートウェイ」として石鎚山駅と命名したのも納得である。

さらに歩いて行くと石鎚神社本社が見えてくるのだ。

10 霧島神宮駅（JR九州　日豊本線／鹿児島県霧島市）徒歩1時間20分

霧島神宮という駅名で特急「きりしま」の全列車が停車するとあっては、遠来の観光客は誰もが霧島神宮が近くにあると思うだろう。しかし、霧島神宮までは7㎞近くあり、歩けば1時間20分ほどかかる。バスなら10分で行けるが、本数は少なく2時間以上間隔があく時間帯もあるので、事前の時刻表チェックは欠かせない。大体は特急列車に接続しているようだが、乗り換え時間はまちまちなので、急がねばならないこともある。

以上のように、最寄り駅のイメージとは裏腹にアクセスの良くない観光地もある。何も調べないでふらりと下車すると慌てることもあるので、鉄道旅行には事前の下調べが欠かせないことを肝に銘じたい。

ほかにも全国にありそうな「残念な最寄り駅」。読者の皆さんにも思い当たる駅があるのではないだろうか。

寺社から微妙に遠く、お年寄りにはつらい

実は関西が本場？「残念な最寄り駅」10

1　桃山御陵前駅（近鉄京都線／京都市伏見区）徒歩20分以上
2　東福寺駅（京阪本線・JR西日本　奈良線／京都市東山区）徒歩10分
3　龍安寺駅（京福電鉄北野線、通称「嵐電」／京都市右京区）徒歩8分
4　妙心寺駅（京福電鉄北野線、通称「嵐電」／京都市右京区）徒歩2分＋10分以上
5　修学院駅（叡山電鉄本線／京都市左京区）徒歩20分
6　宝ケ池駅（叡山電鉄本線・鞍馬線／京都市左京区）徒歩15分
7　水間観音駅（水間鉄道／大阪府貝塚市）徒歩10分
8　当麻寺駅（近鉄南大阪線／奈良県葛城市）徒歩15分
9　吉野神宮駅（近鉄吉野線／奈良県吉野町）徒歩20分
10　長谷寺駅（近鉄大阪線／奈良県桜井市）徒歩15～20分

関西エリアにある寺社や史跡の最寄り駅の中には、降りると目の前に目指す場所が

桃山御陵の周辺には駅が4つある

あるとても便利な駅もあるけれど、ずいぶん歩かなければならないところも少なくない。歩くと10分以上かかったり、坂道を上らなければならなくなったりと、寺社巡りが趣味のシニア層でもつらいであろう。

そこで、関西の私鉄の駅の中で、やや不便であり残念と感じるものを挙げてみる。

結局いちばんの最寄り駅は？

1 桃《もも》山《やま》御《ご》陵《りょう》前《まえ》駅（近鉄京都線／京都市伏見区）徒歩20分以上

明治天皇のお墓である桃山御陵の周辺にはいくつもの鉄道路線が走っている。駅も近鉄の桃山御陵前駅以外に、京阪電車の伏見桃山駅、桃山南口駅、ＪＲ奈良線の桃山駅と乱立状態だ。

その中でいかにもいちばんの最寄り駅のような顔をしているのが近鉄の桃山御陵前駅である。この駅から桃山御陵へは東に歩いて行く。駅のすぐ西には京阪の伏見桃山駅があるけれど、御陵とは反対方向に位置しているので、近鉄の駅と比べると、すでにハンディは付いた状態だ。

桃山御陵駅から大手筋通りを東へ向かうと、参道らしく赤い鳥居が建ち、くぐって進むと神功《じんぐう》皇后を主祭神とし、安産祈願で知られる御香宮《ごこうのみや》神社の前を通る。さらに進んでＪＲ桃山駅脇の踏切を渡り、ゆるやかな坂を上って行くと御陵を中心とした広い敷地の入口に着く。ここまで駅から約10分だ。

関係車両以外は通行禁止の砂利道をどんどん歩いて行くと、ようやく木製の鳥居が建つ御陵前に出る。駅からは20分以上の距離である。さらに東へゆるやかな坂を下っていくと明治天皇の皇后だった昭憲皇太后のお墓である桃山東陵がある。

このあたりから敷地外に出て、車道を東南の方向に進むと、ＪＲ奈良線の下をくぐり、京阪宇治線の桃山南口駅に着く。距離的には桃山南口駅が御陵にはいちばん近いけれど、心臓破りのような階段を駆け上らなければ御陵には行けない。ただし階段の上からの眺めは最高なので、足腰に自信がある人にはよさそうだ。

客観的には、ＪＲ桃山駅がいちばんの最寄り駅であろう。歴史的にも明治天皇の大葬列車が到着した場所である。近鉄の桃山御陵前駅にはタクシーが駐まっているので、敷地の入口まで利用するのがいいかもしれない。

2 東福寺駅（京阪本線・JR西日本　奈良線／京都市東山区）徒歩10分

紅葉でとりわけ人気の東福寺。駅から徒歩10分といわれているけれど、紅葉シーズンは大混雑で道は人で埋まり、かなりの時間がかかる。少々うんざりする状況だ。しかし、京阪でひとつ大阪寄りの鳥羽街道駅で下車すれば、東福寺駅よりは空いているし、若干近いようである。大阪の淀屋橋駅から特急に乗るなら、丹波橋駅で各駅停車に乗り換え、鳥羽街道駅で下車するのがいいと思う。京都方面へ戻るときも、鳥羽街道駅を利用すれば、少しは楽であろう。駅名にとらわれないで自在に対応したいものだ。

3 龍安寺駅《りょうあんじ》（京福電鉄北野線、通称「嵐電」／京都市右京区）徒歩8分

石庭で有名な龍安寺を訪れる人の多くはバスを利用するようである。しかし、嵐電の龍安寺駅で降りれば、至近距離ではないものの徒歩8分600mという看板が立っているので利用価値はある。しかも、道中何ヵ所も道案内の看板が立っているので、ほぼ迷うことはない。残念なのは、嵐電が京都の中心部へ直接乗り入れていないこと。ゆえに、バスでしか龍安寺へ行けないと思っている人が相変わらず多いのだ。

行き方としては、JR京都駅から山陰本線(通称「嵯峨野線」)の普通列車で太秦《うずまさ》駅まで行き(所要時間15分、昼間は15分ごと)、徒歩3分ほどのところにある嵐電撮影所前駅から北野白梅町行き(昼間は10分ごと)に9分乗車すると龍安寺駅に到着する。このルートは2016年に撮影所前駅が新設されたことにともない誕生したもので、ちょっと古いサイトには掲載されていない。

あるいは、阪急京都線の大宮駅で下車して四条大宮駅から嵐電の嵐山本線に乗り換えるか、地下鉄東西線の西の終点太秦天神川駅で嵐山本線の天神川駅に向かい、いずれも嵐山行きに乗車したあと、さらに帷子《かたびら》の辻《つじ》駅で北野白梅町行きに乗り換える方法もある。

面倒ではあるけれど、渋滞の心配がないのでおおよその所要時間が読めるのはありがたい。もっと嵐電を活用してもいいのではないかと思う。

4 妙心寺駅(京福電鉄北野線、通称「嵐電」/京都市右京区)徒歩2分+10分以上

嵐電の北野線には、御室仁和寺《おむろにんなじ》駅、妙心寺駅、龍安寺駅、等持院・立命館大学衣笠《きぬがさ》キャンパス前駅と寺社の名前を冠した駅が連続している。その中で、妙心寺駅は、妙

心寺まで200mという案内板が出ていて、駅前の踏切の道を東へ進むと2分で妙心寺の入口のひとつである北門に着く。

これなら遠くて残念な最寄り駅にはならないと思われるけれど、妙心寺の境内はとんでもなく広いので要注意だ。妙心寺は臨済宗妙心寺派の大本山であり、敷地内には46もの塔頭《たっちゅう》寺院が立ち並んでいる。その中のどこへ向かうかにもよるけれど、しだれ桜や庭園で知られて観光客も少なからず訪れる退蔵院は、北門からさらに10分以上も歩かなければならないのだ。

それだったら、JR山陰本線（通称「嵯峨野線」）の花園駅で降りたほうが便利だ。妙心寺の南門まで歩いて、そこから入れば花園駅から5分ほどで到達できるからだ。地図をよく見て、駅名に惑わされないようにしたいものである。

その名の通り「離宮」

5 修学院駅（叡山電鉄本線／京都市左京区）徒歩20分

京阪電車の終点出町柳《でまちやなぎ》駅から鞍馬や八瀬比叡山口《やせひえいざんぐち》に至るのが叡山電車で、沿線にはいくつもの観光スポットがある。まずは、出町柳駅から4つ目の修学院駅で降りてみよう。

修学院と聞けば、広大な庭園で知られる修学院離宮がある。ふらりと行っても簡単には入れず、当日申し込みは先着順で時間指定なので、確実に参観したいのなら宮内庁への事前申し込みが必要だ。しかも駅からは歩いて20分とやや遠いのが難点である。入場方法およびアクセス、どちらも何ともハードルの高い離宮だ。

6 宝ケ池駅（叡山電鉄本線・鞍馬線／京都市左京区）徒歩15分

修学院駅の次が宝ケ池駅で、八瀬比叡山口へ向かう本線と鞍馬線の分岐駅である。宝ケ池公園子どもの楽園は駅から歩いて5分ほどのところにあるけれど、宝ケ池そのものは、かなり離れていて、池の東端まででも15分ほどかかる。

むしろ地下鉄烏丸《からすま》線の終点国際会館駅のほうが近く、JR京都駅からダイレクトに20分ほど乗れば到着できるし、駅から池までで数分の距離だ。国際会館でのイベントやグランドプリンスホテル京都へ宿泊したついでに宝ケ池周辺を散策するのなら地下鉄利用のほうが便利であろう。

7 水間観音駅《みずまかんのん》（水間鉄道／大阪府貝塚市）徒歩10分

大阪府貝塚市にある水間観音は由緒ある寺であるとともに、最近では愛染堂がパワースポットや「恋人の聖地」として若い人たちにも受け入れられるよう趣向を凝らした取り組みで注目を集めている。その最寄り駅が水間鉄道の終点水間観音駅なのだが、至近距離にはなく、10分近くかかるというやや微妙な位置にある。

それは別にしても、水間鉄道は南海本線の貝塚駅に接続し、難波《なんば》からはアクセスしやすい状況にある。ただし、近義の里《こぎのさと》駅と石才《いしざい》駅の間でJR阪和線と交差するにもかかわらず、駅がない。阪和線の東貝塚駅にしても和泉橋本駅にしても、水間鉄道の駅とは離れていてとても乗り換えができる状況にはない。幅広く水間観音に集客したいところなのに、これは足かせとなっている。歴史的経緯があるようだが、そろそろ見直してもいいのにと思う。ただし、乗換駅を造ろうとする動きはないようで、残念な点である。（P220も参照）

奈良にある「最寄り駅」

8 当麻寺駅《たいまでら》（近鉄南大阪線／奈良県葛城市）徒歩15分

紅葉、シダレザクラ、ボタンなどで有名な当麻寺（當麻寺）の最寄り駅であるが、徒歩15分ほどかかり便利とはいえない。急行や特急は停車しないので準急や各駅停車を利用することになるのだが、古市《ふるいち》駅で急行と各駅停車の乗り継ぎはできないダイヤで、大阪阿部野橋駅から向かうときは、実質30分に1本の準急に乗るしかなく、ちょっと残念な状況である。

9 吉野神宮駅（近鉄吉野線／奈良県吉野町）徒歩20分

1889（明治22）年に明治天皇によって創建された吉野神宮は、駅から坂道を歩いて20分もかかる。タクシーを利用するのが無難であろう。電車の本数は1時間に4本、特急も停車するので、大阪阿部野橋駅から、乗り換えなし、1時間15分ほどの所要時間で到着できるのは有難い。

10 長谷寺《はせでら》駅（近鉄大阪線／奈良県桜井市）徒歩15〜20分

大和路にあって、桜、コブシ、ボタン、シャクナゲ、ドウダンツツジ、など花の寺として人気のある長谷寺。近鉄大阪線の長谷寺駅が最寄り駅だ。しかし、歩くと15〜

20分、決して近い距離ではない。
電車は、座席指定の特急は通過なので急行あるいは区間準急を利用することになる。日中は1時間に4本程度の電車が発着し、大阪上本町《うえほんまち》駅から50分ほどで到着する。ひとつ手前の大和朝倉駅止まりの電車があり、長谷寺駅では本数が減るのが、ちょっと悔しい。

ほかにも寺社や史跡の名称を駅名とした「残念な最寄り駅」がいくつかあるけれど、本殿や本堂までの長い道のりをのんびり歩いてお参りするのも、寺社巡りの楽しみのひとつではないだろうか。

Part 2

昔日のにぎわいはいずこへ……〝栄光は過去に〟で残念な路線

ざんねん10

昔は輝いていたが……「残念な特急列車」10

競争激化や観光衰退などで苦戦強いられ……

1 「さざなみ」東京―君津（千葉県）
2 「成田エクスプレス（N'EX）」成田空港（千葉県）―東京など
3 「草津」上野（東京都）―長野原草津口（群馬県）
4 修善寺行き「踊り子」東京―修善寺（静岡県）
5 「あさぎり」改め「ふじさん」小田急新宿（東京都）―御殿場（静岡県）
6 E351系「スーパーあずさ」新宿（東京都）―松本（長野県）
7 「北斗」函館―札幌（北海道）
8 「つがる」青森―秋田
9 「はやとの風」吉松（鹿児島県）―鹿児島中央
10 車内販売のない特急列車

JR京葉線・内房線を走る「さざなみ」

特急列車は、鉄道ネットワークのエースとして各地で活躍を続けている。往年の特別急行列車という豪華さやハレの舞台というイメージはすっかり薄れ、大衆的にはなったけれど、だからこそ主役であり続けているともいえる。

ところが近年、一部の列車は、他の交通機関との競争や沿線の衰退もあって苦戦を強いられ、あるいは撤退を余儀なくされている。本項では、そうした過去の栄光にもかかわらず残念な結果に至っている特急列車の現状を知ることにより、改善策を考えるきっかけになればと思う。

アクアラインに勝てず……

1 「さざなみ」東京―君津（千葉県）

都内から南房総の館山（一部は千倉《ちくら》）へ向かう優等列車として、準急「内房」や急行「うち房」の伝統を引き継ぎ、1972年7月の総武線東京地下駅乗り入れ開始を期して誕生した。当時最新鋭の183系特急電車を使い、1日8往復（季節運転3往復を含む）、のちに急行全廃とともに本数が増え、「数自慢のエル特急」の呼称通り、週末には1日12往復になったこともあった。

しかし、成田エクスプレスの運行開始にともない、線路容量の関係で総武線ではなく京葉線経由に変わった。これにより東京駅での乗り換えが不便になったこと、県都である千葉駅を経由しなくなったこと、そして東京湾を横断するアクアラインや南房総への自動車専用道路の開通により道路事情が飛躍的に改善されたことで「さざなみ」の優位性は完全に失われてしまった。本数がどんどん削減され、ついに平日は、東京―君津間の通勤ライナー的な運行のみとなってしまったのである。かろうじて、土休日に「新宿さざなみ」が新宿―館山間で2往復運転されているのが救いといえるかもしれない。

所要時間では高速バスのほうが速く、運賃と特急料金を足すと割高になる現状では、今後の状況も厳しい。競争力をつけるには一部車両を指定席とする快速列車化を考えたほうがいいかもしれない。地元は特急列車の復活を要望しているようだが、応分の負担をするなり、思い切って観光列車を走らせ、鉄道ならではの魅力をアピールするのではない限り、残念ながら前途は厳しそうである。

かつては1日5往復が運転されていたこともある特急「あやめ」も完全に廃止とな

り、佐原観光用に臨時列車が細々と走る程度の成田線（成田・佐原方面）など、千葉県内の特急列車はどこも精彩を欠いている。（P90も参照）

一見苦戦、でも外国人に人気

2「成田エクスプレス（N'EX）」成田空港（千葉県）―東京など

千葉県内を走る特急列車で元気そうに見えるのは成田エクスプレス（N'EX）だけかと思いきや、こちらも現実にはなかなか厳しく、不人気だという報道をよく耳にする。

鉄道に関しては、京成の成田スカイアクセス線の開業以来、速さ、運賃&料金ともに京成スカイライナーのほうがお得になった。また、格安高速バスも普及し、とくにコストに敏感なLCC利用者の選択肢にN'EXは入っていない。羽田空港に発着する国際線が多くなっている現状を考えると、N'EXは今後も苦戦を強いられるのではないだろうか。時間帯によっては、かなり空いている列車もある。

しかし、実際に乗ってみると、訪日外国人の姿を車内で見かけることが多く、列車によっては乗客の半数以上が外国人で混雑していることもあった。理由のひとつは、ジャパン・レール・パスで乗れることであろう。パス利用者なら、追加料金が発生しないN'EXはお得になるからだ。

さらに、東京の地理に不安な外国人にとっては、乗り換えなしで空港から新宿、池袋、横浜方面へ行けるメリットは大きい。車両もシートをはじめ高級感のある優れたもので、グリーン車も連結されているのでビジネスパーソン、とりわけエグゼクティブには愛用者がいる。一般人には不人気で残念な列車であっても、ある程度の固定客がいるかぎり、それほど心配する必要はないのかもしれない。

3 「草津」上野(東京都)―長野原草津口(群馬県)

首都圏から手ごろな温泉地へ向かう行楽特急が不振である。とくに、群馬県内の温泉地へ向かう特急は人気がない。上越線の水上《みなかみ》へ向かっていた「水上」(かつては「谷川」という愛称だった)は、現在では臨時列車としてわずかな期日に運転されるのみである。

一方、吾妻《あがつま》線に乗り入れる「草津」(かつては「白根」)も1日4往復プラス臨時列車だったのに、いつの間にか平日は2往復となり、長年、万座・鹿沢口《かざわぐち》行きだったのが手前の長野原草津口行きに短縮された。さらに、特急停車駅だった群馬原町駅と川原湯温泉駅が通過となってしまった。

長野原草津口駅までの所要時間を短くして草津温泉へ向かう観光客に特化する列車となったが、果たしてそれで効果はあるのだろうか？ 東京駅や新宿駅から温泉地への直行バスが発達している現在、影が薄くなったのは残念ながら事実である。このままジリ貧にならないことを祈るばかりだ。

車両が交代したらどうなる？

4 修善寺行き「踊り子」東京—修善寺（静岡県）

歴史ある伊豆の名湯、修善寺温泉へは、古くから東京駅発の直通列車が出ている。現在も特急「踊り子」号伊豆急下田行きに併結される形で、うち平日2往復、土休日4往復が熱海で分割併合、5両編成で修善寺駅まで走っている。

伊豆急下田行きが10両（グリーン車2両）、修善寺行きが5両（すべて普通車で指定席車3両）という車両編成の差の通り、修善寺行きは特に平日はガラガラのことも多く、閑散としている。車両の構造上、伊豆急下田行きと修善寺行きは通り抜けができないので、伊豆急下田行きにあった車内販売は、修善寺行きにはなかった（今は伊豆急下田行きの普通の踊り子の車内販売も廃止されている）。どこか冷遇されている感じで不人気なのもやむをえないのかもしれない。

現在使用中の185系電車は老朽化が進んでいて余命いくばくもない。新しい車両に取り換えられる時期が近づいているのだが、それを機に直通列車が廃止されるのではとの懸念もある。

もっとも、東海道新幹線で三島まで行き、そこで伊豆箱根鉄道に乗り換えれば済む話ではあるが、東京駅で修善寺行きという表示があちこちで見られるのは修善寺温泉にとって宣伝の手段でもあり、それが皆無になれば知名度が下がる懸念もあると地元は気をもんでいる。長年続いている列車であるだけに、なくなるようなことがあれば残念な話だ。

5 「あさぎり」改め「ふじさん」 小田急新宿（東京都）―御殿場（静岡県）

小田急新宿駅から小田急線とJR御殿場線を経由して御殿場まで行く直通特急電車。御殿場線が非電化の時代からディーゼルカーによる直通の準急列車が運転され、半世紀以上の歴史がある。1991年には、小田急がRSE、JR東海が371系という斬新な一部2階建ての車両を導入し、運転区間も沼津まで延長され、人気も上々だった。

しかし、景気が低迷するとともに利用者も減り、2012年3月にはRSEと371系が引退。その後は小田急のMSE（青いロマンスカー）のみの運転になり、運転区間も御殿場止まりに戻ってしまった。

現在、平日は1日3往復、土休日のみ4往復（臨時がさらに1往復走ることがある）だ。小田急線内の乗車率はともかく、御殿場線内の乗車率は低く、ガラガラのことも多い。小田急線とJR線の運賃、特急料金の合算となるため割高でもある。2018年3月のダイヤ改正を期して列車名を「ふじさん」に改名したので、気分を一新して、持ち直してほしいものだ。

個性的な車両だったが……

6 E351系「スーパーあずさ」新宿（東京都）―松本（長野県）

1993年にJR中央本線の特急「スーパーあずさ」用に登場し、グッドデザイン賞も受賞した個性的なスタイルの電車。振り子式を採用したが、揺れがひどく、酔うと嫌う人もいた。独特の形状ゆえ車内では圧迫感を感じることもある。座席背面にはテーブルがなく、肘掛に収納式のテーブルがあるものの小さいため、ちょっと使い勝手が悪かった。観光客のみならずビジネスパーソンの利用も少なからずあったのだが、ノートパソコンが使いづらくて不便だという人もいた。

このような状況のE351系は、ほぼ四半世紀にわたる活躍を終え、2018年3月のダイヤ改正では全車両が引退、新しいE353系に取って代わられた。静かで揺れが少なく、座席もインテリアも優れ、コンセントもついているので便利と人気上々の新型車両E353系に乗ってみると、E351系にはもう乗らなくてもいいかなと思い、なぜかホッとしてしまう。ある意味、残念な車両だったのかもしれない。

7 「北斗」函館―札幌(北海道)

特急列車の進化は高速化の歴史でもある。JR北海道の看板列車のひとつである特急「北斗」(2020年3月「スーパー北斗」より改称)も、かつて同区間の列車名が「おおぞら」であった頃、4時間あまりかかっていた所要時間を短縮し続けてきた。

国鉄からＪＲ北海道に変わった頃は3時間半、その後、3時間を切り2時間59分で函館−札幌間を走破する列車が登場し、表定速度が在来線最速の時速１０６㎞として話題になった。しかし、近年の相次ぐ車両トラブルにより減速運転を余儀なくされ、現在、ほとんどの列車が3時間40分台へと後退してしまった。

また、保線状態がよくない区間が散見されるため揺れもひどい上、車両故障やトラブルで運休や遅延が発生することがたびたびある。すべてがＪＲ北海道のせいではなく、やむをえない事故もあるとはいえ、不安定輸送は鉄道利用を敬遠させることにもなり、マイナスとなっている。

それにしてもＪＲ北海道は、「北斗」の速達運行をすっかり諦めてしまったかのようにも思える。北海道新幹線札幌延伸まで、現状のままで済ますつもりだとしたら、これは怠慢ではないだろうか？　それくらいだったら、一部で提案されているように倶知安《くつちやん》あたりまで早期に（といっても２０２５年以降の話だが）新幹線の部分開業を行い、長万部《おしやまんべ》あるいは倶知安での特急乗り継ぎにより、結果として所要時間短縮を行うのが最善策かもしれない。

いずれにせよ、北海道の看板特急なのだから、その名に恥じないよう一刻も早く汚名を返上してもらいたいものだ。

いつの間にか3往復に減便

8 「つがる」 青森―秋田

青森―秋田間は、かつては優等列車が頻繁に走っていた。現行の「つがる」以前は、「白鳥」「いなほ」「たざわ」とさまざまな愛称を掲げた優等列車が2時間に1本は行きかう幹線だった。夕方になるとブルートレイン「日本海」「あけぼの」もあり、この区間では寝台を座席として使う「ヒルネ」と呼ばれる利用も可能で、変化に富んだ列車旅が楽しめたのである。

しかし、いつの間にか「つがる」の本数は削減され、今や1日3往復にすぎない。利用率が芳しくなかったからであろうが、時間帯によってはオールロングシートの701系に乗らなくてはならないと思うと、気が滅入り、足が遠のく区間である。

9 「はやとの風」 吉松（鹿児島県）―鹿児島中央

わが世の春を謳歌しているかに思える観光列車。全国いたるところで個性的な車両が走りまわり人気も上々、予約が取りにくい列車もある。そんな中、観光列車王国のＪＲ九州の「はやとの風」が２０１８年春のダイヤ改正で毎日の運行を取りやめ、不定期列車となった。

廃止ではないので一安心だ。２０１８年春からの新ダイヤでは、年間の運転日数は２１０日。土休日以外では、夏休みなど学校の長期休業期間や観光シーズンには平日の運転もあるが、閑散期の平日は運休となる。もっとも、各地の観光列車の多くは、週末のみ運転なので、今までが特別だったのかもしれない。しかし、観光列車（ＪＲ九州では「Ｄ＆Ｓ（デザイン＆ストーリー）列車」と呼んでいる）に熱心なＪＲ九州が目玉商品のリストラを行ったことで、各方面に影響を及ぼしそうだ。残念というほかない。

車内で何も買えないのはおかしい！

10 車内販売のない特急列車

特急列車は長距離移動が多いので、車内での飲食の販売は必須ともいえるし、それが当然のことと長年思われてきた。食堂車が連結されていない特急列車は一段落ちる列車と評価されていた時代もあったのだ。

もっとも、時代の変遷とともに食堂車はないのが当たり前となり、車内販売があれば十分ということになった。ところが、その車内販売もどんどん廃止され、今や飲食物をあらかじめ用意しないと長時間飢えに苦しむ状況が普通になってしまった。

しかし、これは冷静に考えるとおかしなことで、サービスの甚だしい低下である。せめて飲料の自動販売機くらいはあってもいいのではないだろうか?

2018年初頭の日経新聞の報道によると、JR北海道の特急「大雪」の車内で沿線自治体などが地元の特産品を販売する取り組みが好調とのことだ。一時的な試行ではあるけれど、2018年2月10日からは特急「サロベツ」の一部区間でも地元産食材を使ったスイーツや乳製品などを販売している。もっとも毎日ではなく、期日を限ってのイベント的サービスで、2019年も夏季の期日限定で行われた。

すべて鉄道会社任せにするのではなく、沿線も積極的に協力し、工夫を凝らすことにより列車を魅力あるものとしていけたらよいのではないだろうか。残念な特急列車が減り、乗客も少しずつ戻ってくることを期待したい。

以上、厳しい状況にある特急列車の実態をリポートしてみたが、積極的に議論することで活性化の取り組みが行われ、それにより乗客が増え、ひいては利便性も向上すればと思う。

今なら需要あるかも……厳しいが夢は持ちたい

廃止されて残念！復活してほしい列車10

1　急行「かすが」（名古屋―奈良）
2　特急「東海」（東京―静岡）
3　特急「ひたち」仙台行き（上野―仙台）
4　特急「さざなみ」平日昼間の館山行き（東京―館山）
5　急行「こまがね」（新宿―飯田）
6　直通列車「みつみね」（JR上野―秩父鉄道三峰口）
7　寝台急行「銀河」（東京―大阪）
8　寝台特急「あさかぜ」または「サンライズゆめ」（東京―広島、下関）
9　寝台特急「北斗星」（上野―札幌）
10　寝台特急「紀伊」（東京―紀伊勝浦）

かつては便利だったのに、直通列車が廃止となったため、乗り換えを余儀なくされ

廃止が惜しまれる「北斗星」

て不便になったルートがいくつかある。乗客数が減って採算が合わなくなった列車、新幹線優先のため、そのしわ寄せがきて逆に不便になった経路などさまざまである。

そこで、鉄道会社の都合や技術的な諸問題は承知の上で、利用者、旅行者の立場から復活してほしい列車を妄想してみた。

現実は厳しいけれど、夢は持っていたいと思う。

名古屋から奈良へ直通

1 急行「かすが」(名古屋—奈良)

JR奈良駅は、全国都道府県の中でJRの定期優等列車が停車しない稀有《けう》な県庁所在地の代表駅である。しかし、2006年3月までは、名古屋から直通する急行「かすが」が走っていた。2時間少々での運転は、単線区間が多く、亀山—加茂間が非電化というハンディを考えると大健闘といってよかった。

何といっても、名古屋から乗り換えなしで奈良に行けるのはメリットであるし、非電化区間の車窓も見応えがあった。名古屋—奈良を最短距離で結ぶ路線だけに、近代化をすれば需要が増大するのでは? と思う。

しかし、現実には、京都乗り換えで手間はかかるけれど、東海道新幹線＋ＪＲ奈良線の「みやこ路快速」あるいは近鉄特急が便利だ。

このルートは「のぞみ」など新幹線料金の高さがネックで、安くあげようとするなら、名古屋から近鉄特急を選ぶことも考えられる。快適ではあるけれど、大和八木と大和西大寺の２回乗り換えで、２時間半程度、ただし料金は新幹線の指定席利用に比べると２０００円以上安い。

関西本線経由の名古屋―奈良間の運賃は、２３１０円なので、急行での復活なら急行券１０００円プラスで３３１０円、新幹線経由の半額である。さすがに、急行での復活はないだろうから、特急ならA特急料金（指定席）の２３９０円をプラスして４７００円。近鉄特急の乗り継ぎより若干高くなる。

近年、訪日観光客の増加で鉄道利用者も多くなっているが、ジャパン・レール・パスでは「のぞみ」は乗れない。シニア向けのジパング割引もしかりである。「ひかり」に殺到する乗客を分散する意味でも、優等列車「かすが」の復活を望みたい。廃止直前の利用状況とは情勢が変わってきたのではないだろうか？

ＪＲ東海とＪＲ西日本にまたがることやディーゼルカーをどうするかなど、クリアしなければならない課題はあるけれど、前向きに検討してもらいたいものである。

2 特急「東海」（東京―静岡）

東京や品川を起点に考えると、静岡県内へ向かう場合、三島や、新富士、静岡、掛川、浜松まで東海道新幹線「ひかり」「こだま」を利用し、その他の駅へは在来線に乗り継ぐかクルマでの送迎を頼むのが一般的であろう。

しかし、大船、平塚など横浜以西の神奈川県内の駅から静岡県内の沼津、吉原、清水へ行く場合はどうだろうか？　新横浜は遠いので、在来線で小田原まで行き、新幹線に乗り換えて、三島で再び在来線に乗り換えなくてはならない。

新富士が在来線とつながっていないので周辺に用があるならともかく、乗り継ぎには使えない。在来線に乗り換えるなら、三島を利用するしかないのである。

だとしたら、在来線に速達列車があればと思う。特急「東海」の復活を考えてもいいとは思うが、現実的に難しそうなら東京から直通の快速列車運行はどうだろうか？

それも無理なら、熱海発着の静岡方面へ向かう快速列車を1時間に1本程度運行するとか、ビジネスマンがゆったり利用できるような指定席車両や、グリーン車を連結するなど魅力的な列車を運行してもらいたいものである。

奇跡の復活

3 特急「ひたち」仙台行き（上野―仙台）

常磐線特急は、上野東京ライン開業により、東京を経由して品川発着となり利便性が向上した。そのうち「ひたち」は、いわき（福島県）まで少なくても1時間に1本は運転されている。

いわきより先の区間は、富岡―浪江（どちらも福島県）間が震災と原発事故の影響で長期間不通になったままであったが、復旧作業が進み、2020年3月に、全線で運転を再開した。

そして、喜ばしいことに、いわき―仙台間では特急列車が復活、しかも東京（上野または品川）からの直通運転である。震災前には、いわきで運転系統を分断するつもりだったが、いわき以北は寸断されてしまったので、特急列車の運転どころではなくなった。

一時は「ひたち」の直通運転は見込みがないものとあきらめ、だからこそ復活してほしい列車のひとつだった。「スーパーひたち」の時代には、4両のみいわき以北に直通する運用があった。利用者が少なくなるための対策であったが、2020年春のダイヤ改正では、復興支援という意味合いもあって、10両編成のまま直通することになった。まずは、朗報である。

4 特急「さざなみ」平日昼間の館山行き（東京—館山）

内房線特急「さざなみ」は、利用者の減少により、臨時列車を除いて、君津—館山（千葉県）間の定期列車が全廃となってしまった。現状では、鉄道利用で都心から館山に向かうには、君津まで快速を利用し、その先は普通列車に延々1時間近く揺られなければならない。

これでは、鉄道離れがますます進む一方で、将来的には内房線の存続自体が怪しくなる危険性もあろう。少しでも魅力的な路線とすべく、1日1、2本は優等列車を復活させてもらいたいものだ。特急が無理なら、せめてグリーン車や指定席車付きの快速列車くらいは走らせてほしいと願わずにはいられない。（P72も参照）

5 急行「こまがね」（新宿―飯田）

かつて新宿発の急行「アルプス」に併結され、辰野（長野県）から飯田線に乗り入れて飯田（同）まで運転されていた急行「こまがね」。１９８６年に廃止され、新宿から飯田へ乗り換えなしで行くには高速バスしかない状況が続いている。

高速バスは、新宿―飯田駅前を4時間15分ほどで結んでいる。現状では、岡谷（長野県）まで「あずさ」を利用し、飯田線の各駅停車に乗り換えて最速で4時間40分ほど。時間の面でも快適さでも列車に勝ち目はない。

しかし、かつての「こまがね」は、普通列車よりも20分以上早く辰野―飯田間を結んでいた。飯田線の線形は良くないけれど、停車駅を少し整理し、現在の車両なら、さらに15分ほどのスピードアップは可能であるとの調査がある。計算上は、新宿―飯田間を高速バスよりも速く4時間を切ることも無理ではないそうだ。

ＪＲ東日本とＪＲ東海の2社にまたがり、調整は難航しそうであるし、そもそもやる気がなさそうだが、例えば新型車両「Ｅ３５３系」の付属編成を利用して、飯田線への直通列車を復活してほしいとの夢を描きたい。

もっとも、リニア中央新幹線が開業すれば品川―飯田は約40分とのことだ。こうなれば、高速バスは競争相手ではなくなる。これがいちばん実現可能な話かもしれない。

6 直通列車「みつみね」（JR上野―秩父鉄道三峰口）

都心から埼玉県の秩父鉄道沿線への直通列車といえば、最近まで、西武の池袋から土休日運転の快速急行長瀞《ながとろ》行き、三峰口行き併結電車があった。かつては、東武東上線からの直通列車やJR高崎線からの直通列車「みつみね」などの愛称を持った電車が115系などを使って上野発で運転されていたが、いずれも過去の話だ。

需要がなくなったわけではないと思う。行楽シーズン限定の臨時列車で構わないので、ぜひ復活してほしいものである。

やっぱり寝台特急がいい

復活してほしい、といえば寝台列車がいくつもある。

7 寝台急行「銀河」（東京―大阪）

東京―大阪間の夜行移動は高速バスの隆盛を見れば分かる通り、旺盛な需要がある。にもかかわらず、寝台列車を廃止してしまったのは、あまりにも消極的である。「サンライズ瀬戸・出雲」の上り東京行きは、三ノ宮（神戸市）、大阪―東京の利用者が少なからずいることを見ても分かる通り、ダイヤと車両を適正に配置すれば商売になるのだ。

いまさら機関車牽引のブルートレインの再来は望み薄だ。やはりサンライズ・エクスプレス相当の電車寝台での復活を強く望みたい。

8　寝台特急「あさかぜ」または「サンライズゆめ」（東京―広島、下関）

かつて臨時列車として走っていた「サンライズゆめ」（東京―広島、下関）は、最後に走ったのが2008年だから、運転されなくなってから10年以上になる。伝統の寝台特急「あさかぜ」の後継という役割もあったので、復活してほしい列車である。東京や横浜から新山口、下関あたりまでなら、寝台車に乗ってみたい旅行客も少なからずいるのではないだろうか？

9　寝台特急「北斗星」（上野―札幌）

北海道新幹線開業と引き換えに廃止となった「北斗星」。しかし、昼間に鉄道利用で東京―札幌を行き来する人は、どのくらいいるのだろうか？

最速の北海道新幹線「はやぶさ」と特急「北斗」を乗り継いでも、8時間近くかかるので、よほどの鉄道好きでも急ぐときは空路を選ぶ。その点、寝ている間に移動でき、食堂車など鉄道旅行の醍醐味が楽しめた寝台列車は、鉄道ファンにとどまらず愛好者がいたのだ。

鉄道会社の都合で廃止してしまったわけだが、何とも惜しまれる。北海道新幹線の不人気、苦戦を見るにつけ、鉄道会社の方針は正しかったのかどうか？

復活するなら「サンライズ紀伊」？

10 寝台特急「紀伊」（東京―紀伊勝浦）

かつて、ブルートレインとして東京から紀伊勝浦（和歌山県）まで走っていた寝台特急「紀伊」。これを復活させられないものだろうか？

「紀伊」は、夜の東海道本線を下り、名古屋で併結していた「いなば」（のちに「出雲3号」）を切り離し、ディーゼル機関車DD51形牽引で亀山へ、再び進行方向を変え、DF50形ディーゼル機関車牽引となって紀勢本線を南下し、紀伊勝浦まで走っていた。

もし、復活するとすれば、客車寝台車は現実的ではないから、サンライズ・エクスプレスの予備編成を使い、京都から「はるか」「くろしお」のルートをたどって、和歌山、白浜と電化区間である紀勢本線の西半分の区間を紀伊勝浦あるいは新宮まで行くのはどうだろうか？

この経路であれば、東京―紀伊勝浦は814km、高松より多少長い距離となる。「サンライズ瀬戸・出雲」のダイヤなら新大阪が4時半頃だから、東京発を22時半とすれば、新大阪が5時頃、和歌山6時頃、白浜7時20分頃、紀伊勝浦着9時頃となるだろう。試しに臨時列車で運転したらどうだろうか？

廃止となった列車は、乗客が少なかったり、コストの面で採算が合わなかったりと、それなりの理由があって消えてしまったものばかりだ。しかし、面白いルートをたどるなど鉄道旅行好きにとっては魅力的な要素が多々ある。定期運行は無理にしてもイベント列車としてもう一度走ってくれたら、と妄想してしまう。果たして夢がかなう日は来るのだろうか？

昔は優等列車が往来し貨物輸送が盛んだった

過去のにぎわいが懐かしい「残念な幹線」10

ざんねん10

1 JR東日本 信越本線・高崎—横川(群馬県)
2 JR西日本 美祢線・厚狭—長門市(山口県)
3 JR西日本 宇部線・新山口—宇部新川—宇部(山口県)
4 JR西日本 山陰本線・益田—長門市—幡生(島根県&山口県)
5 JR九州 筑肥線・山本—伊万里(佐賀県)
6 JR西日本 関西本線・亀山—加茂(三重県&京都府)
7 JR東日本 磐越西線・郡山—会津若松—新津(福島県&新潟県)
8 JR北海道 函館本線・長万部—小樽(北海道)
9 JR北海道 室蘭本線・沼ノ端—岩見沢(北海道)
10 JR北海道 石勝線夕張支線(新夕張—夕張、北海道)

いまや盲腸線となった信越本線

JR時刻表やJTB時刻表の全国の路線図を見ると、JRの路線は、黒い線の「幹線」と青い色の「地方交通線」に区分されている。これは、1980年に制定された

「国鉄再建法」（通称）で決められたもので、これにより地方交通線は割増運賃が導入されることになった。この区分けに関しては、70年代後半の実績によるいくつかの基準により規定された。しかし、国鉄がJRになっても、この区分けは、そのまま引き継がれ、事情が大きく変化したり、同じ路線においても区間により相当の落差が生じたりしても、是正されることなく現在に至っている。よって、今や幹線といっても「名前負け」してしまっているような線区がいくつも存在する状況である。
とはいえ、かつての栄光を偲びながら、のんびり旅をするのも悪くない。今回はそうした地方交通線並みの過疎路線というべき「残念な幹線」を独断でリストアップしてみた。

新幹線開業で一変

1　JR東日本　信越本線・高崎—横川（群馬県）

北陸新幹線（開業当初は長野新幹線）ができるまでは、首都圏と長野や北陸とを結ぶ重要な幹線ルートとして特急「あさま」「白山」など多数の優等列車が行きかっていた。しかし、優等列車がすべて新幹線に移行し、横川—軽井沢間の碓氷《うすい》峠《とうげ》を越える区間が廃止になると、高崎—横川間は盲腸線と化し、普通電車が行きかうだけのローカルな路線に転落してしまった。閑散区間を利用したSL列車が走ることはあるものの、立派な複線の施設は持て余され気味である。盛者必衰《じょうしゃひっすい》の言葉が当てはまる路線で、時代の流れとはいえ淋しくなる。

2 JR西日本 美祢《みね》線・厚狭《あさ》—長門市（山口県）

かつては石灰石輸送が盛んで、1日に30往復以上の貨物列車が走った時期もあった。それゆえ「幹線」に分類されていた。しかし、荷主の宇部興産が専用道路を造り、トラック輸送に切り替えたこともあって、貨物列車は全廃となった。

旅客列車も、一時期は山陰本線と九州を直通する急行列車が美祢線を経由し、グリーン車も連結されていて、「幹線」の名に恥じないものであった。ところが、現在では、すべて普通列車で、1両のみ（時に2両）のディーゼルカーが、昼間は2〜3時間に1本走るのみの閑散とした路線になってしまった。

近くに特急列車や「SLやまぐち号」が走り、美祢線よりは賑わっている山口線があるが、こちらは地方交通線だ。比較すればするほど美祢線の凋落ぶりが目立ち、残念といわざるをえない。

3 JR西日本 宇部線・新山口―宇部新川―宇部(山口県)

美祢線から山陽本線経由で直通する貨物列車が宇部港まで走り、美祢線同様、1970年代には、1日に30往復以上の貨物列車が発着することもあった。貨物輸送が盛況だったので「幹線」の仲間入りをしていたのは、美祢線と同じである。中間駅の宇部新川駅は、一時、宇部駅を名乗っていたように、宇部市の中心に位置する。しかし、道路状況が良いこともあって、バスやマイカーが主流で、電化区間にもかかわらず、昼間は閑散とした状態で、クモハ123による単行運転も見られる。居能駅で接続する小野田線(こちらは地方交通線)とともにBRT(バス高速輸送システム)化の構想も出ていて、地元では利用する人が多くない残念な路線である。

偉大なるローカル線

4 JR西日本 山陰本線・益田―長門市―幡生《はたぶ》(島根県&山口県)

山陰本線は京都から下関の手前の幡生まで延々673・8㎞もの日本一の長大な路

線である。山陽本線に比べると長閑《のどか》で地方色豊かなことから「偉大なるローカル線」と揶揄されることもある。それでも本線の名に恥じることなく、京都駅から益田駅までは、何らかの形で特急列車が走っている。

しかし、益田―幡生間は、かつては特急列車が走った歴史はあるものの、現状では観光列車をのぞき、普通列車が走るのみだ。とくに益田駅と長門市駅間が悲惨な状況で、人気の観光地萩を経由するにもかかわらず、4時間ほど列車が走らない時間帯もある。長門市駅でつながっている美祢線と相通じるものがあり、本線らしく長いホームに小ぶりなディーゼルカーが1～2両で停車するのを目にするとわびしくなってくる。豪華列車「TWILIGHT EXPRESS 瑞風《みずかぜ》」が通過するのが、せめてもの救いだろうか。

5 JR九州 筑肥線・山本―伊万里（佐賀県）

もともとは博多駅から東唐津、山本を経由して伊万里に至るひとつの路線だった。しかし、福岡市営地下鉄と直通運転をすることになったのを契機に、筑肥線は姪浜《めいのはま》―唐津の直流電化区間と山本―伊万里間の非電化区間に分断されてしまった。

電化区間のほうは、福岡都市圏の路線として幹線にふさわしい状態であるが、取り残された非電化区間は、1両のディーゼルカーが細々と走るのみで、昼間は3時間以上間隔が空くときもある。

かつては、伊万里駅で松浦線とつながり、博多発、筑肥線、松浦線、佐世保線、大村線、長崎本線経由の急行「平戸」が走っていたこともある。しかし、松浦線は第三セクターの松浦鉄道となり、伊万里駅では道路をはさんで線路が分断され、直通運転は不可能になり、区間輸送に特化したローカル線に成り下がってしまった。2018年、昼間に伊万里から乗ったときは、途中駅で私以外はいなくなり、ひとりだけの貸切列車という淋しさで、とても「幹線」とは呼べない状況だった。

周りの近代化から取り残された
6 JR西日本　関西本線・亀山―加茂（三重県&京都府）

かつては、名古屋と大阪市内を結ぶ最短距離の路線ということで、東京からの夜行列車「大和」は関西本線を全線走破して、当時の終点湊町（現・JR難波）を目指していた。その後も、「かすが」（P86参照）が準急そして急行になり、関西本線は全盛期だった。

しかし、東海道本線全線電化、近鉄名古屋線の改軌による近鉄大阪線との直通運転、東海道新幹線開業など並走する他線の近代化が進むにつれ、関西本線は地盤沈下し、名阪間の幹線という地位を捨て、地域輸送に特化することとなった。大阪市内―奈良（のちに加茂まで）は電化され、快速電車を主体とした近郊輸送に転換、名古屋―亀山間も電化され、一部区間は南紀へのルートの一部に組み込まれ、何とか幹線の面子《メンツ》は保っている。

結局、亀山―加茂間は非電化単線のまま取り残され、小ぶりの1～2両編成のディーゼルカーが1時間に1本程度行きかうだけの区間になってしまった。各駅の長いホームが往年の幹線だった栄光の時代を偲ばせる。

7 JR東日本　磐越西線《ばんえつさい》・郡山―会津若松―新津《にいつ》（福島県&新潟県）

上越線の清水トンネルが完成するまでは、首都圏と新潟を結ぶ重要ルートであり、そこまでさかのぼらなくても、昭和後期は、上野―会津若松を結ぶ特急「あいづ」、定期と臨時を含め何本もの急行「ばんだい」、喜多方から先の非電化区間においても複数の急行列車が走るなど「幹線」にふさわしい繁栄ぶりだった。

しかし、特急や急行はすでになく、優等列車の伝統を引き継ぐ快速も、特急型が引退してからは近郊型電車になってしまい、かつての面影はない。観光列車「フルーティアふくしま」（郡山─会津若松─喜多方）や「ＳＬばんえつ物語」（新津─会津若松）が走り、注目の路線ではあるけれど、県境付近の運行状況を見ると、数時間列車が発着しない時間帯もあり、実態は地方交通線である。

蒸気機関車の勇姿が見られた
8　ＪＲ北海道　函館本線・長万部─小樽（北海道）

かつては、函館から札幌方面へ向かう優等列車は、函館本線をそのまま走り、倶知安、小樽経由で札幌を目指していた。しかし、平坦地で工業地帯の室蘭本線経由が脚光を浴び、１９６０年代に入ると、優等列車のメインルートはそちらに移っていった。

通称「山線」は、蒸気機関車Ｃ62重連の急行「ニセコ」の雄姿であまりにも有名であるが、今では、臨時の特急をのぞけば、ディーゼルカーによる普通列車が1～2両編成で走るのみの閑散とした区間である。北海道新幹線が札幌まで延伸したときには

ＪＲ北海道から経営分離される並行在来線となる可能性が高いことから、その運命が気がかりである。

9　ＪＲ北海道　室蘭本線・沼ノ端―岩見沢（北海道）

函館と札幌を結ぶ特急「北斗」は、室蘭本線長万部―沼ノ端間を走り、千歳線を経由して札幌へ向かうため、沼ノ端―岩見沢間は、特急ルートから取り残されている。元々は、道央で産出した石炭を室蘭港まで運搬するために敷設されたのが室蘭本線の起源である。

往時は、頻繁に石炭列車が行きかっていたので、非電化ではあるものの、かなりの区間が複線だった。一部、単線化した区間があるが、現在でも複線区間はかなり残っている。しかし、列車本数が少ないため、私が乗ったときは、複線区間ですれ違う列車は皆無だった。列車もキハ40の単行。わびしさ一杯の区間である。

廃止されて残念……

10　ＪＲ北海道　石勝《せきしょう》線夕張支線・新夕張―夕張（北海道）

２０１９年４月１日付けで廃止となった「夕張線」。末期は閑散としていて、何年か前に乗車したときは、私と同行者と鉄道ファンと思われる人と３人しか乗っていなかった。地元のまともな利用者が皆無では、残念ながら廃止もやむをえないと実感したものである。

しかし、かつては石炭輸送で活況を呈していて、戦前の一時期は複線であり（トンネルの遺構が残っていた）、国鉄再建法でも「幹線」と認定されたのである。

末期の惨状はともかく、近年道内で廃止となった、ふるさと銀河線（旧池北線）、江差線の木古内―江差、留萌《るもい》本線の留萌―増毛《ましけ》とは格の違う路線だっただけに、夕張線にしてみれば地方交通線と同じような扱いを受けたことは無念であったであろう。

実態はローカル線なのに「幹線」に分類される残念な線区は、これにとどまらない。

現在は観光列車がのんびりと走る路線も

新幹線や車に主役を譲った「残念な幹線」10

1　JR北海道　根室本線・釧路―根室（愛称「花咲線」）（北海道）
2　JR北海道　根室本線・滝川―富良野―上落合信号場（北海道）
3　JR東日本　仙山線（宮城県、山形県）
4　JR東日本　上越線（群馬県、新潟県）
5　JR東日本　内房線・君津―館山―安房鴨川（千葉県）
6　JR東日本　青梅線・青梅―奥多摩（東京都）
7　JR東日本　中央本線・岡谷―辰野―塩尻（長野県）
8　JR西日本　宇野線・茶屋町―宇野（岡山県）
9　JR西日本　呉線・三原―広間（広島県）
10　JR四国　予讃線・向井原―下灘―伊予大洲（愛媛県）

JR上越線を走るSL列車

前項で述べたように、現在でもJRの路線に残る「幹線」と「地方交通線」の区分け。今や全く「幹線」の名に値しない線区がいくつも存在する状況だ。前項に続いて、どう見ても地方交通線並みの過疎路線というべき「残念な幹線」をリストアップしてみた。

応援したい「絶景路線」

1　JR北海道　根室本線・釧路―根室（愛称「花咲線」・北海道）

滝川と根室を結ぶ根室本線のうち、札幌発の特急列車の終点釧路より根室まで続く区間は「花咲線」の愛称が付いている。ローカル列車のみの運転となり、釧路以西からの直通列車もなく、あたかも別の路線のような状況である。愛称の花咲線を正式名に昇格させてもいいかもしれない。

列車本数は少なく、下りは釧路―根室直通列車が、快速2本、普通4本（ほかに釧路―厚岸《あつけし》の区間運転2本）、上りは、快速1本、普通5本（ほかに厚岸―釧路の区間運転2本）という幹線らしからぬ現況だ。

しかし、日本最東端を走る絶景路線で、別寒辺牛《べかんべうし》湿原や荒涼たる原野、霧の中を走る列車など一度乗ったらいつまでも記憶に残る名路線だと思う。ばっさり切り捨てられることのないよう応援したい。

2　JR北海道　根室本線・滝川―富良野《ふらの》―上落合信号場（北海道）

かつては、札幌方面からの優等列車は、函館本線を北上し、滝川から根室本線に入り、狩勝峠《かりかち》を越えて道東を目指していた。しかし、1981年に石勝線が開通すると、ショートカットゆえに優等列車は、こぞってそちらにルート変更となり、この区間はローカル線に落ちぶれてしまった。

かろうじて、滝川―富良野間は、札幌から富良野を目指すリゾート特急の経路にあたるため活用されている。しかし、富良野から石勝線と合流する上落合信号場までの区間は、わずかばかりの普通列車が走るだけの過疎路線となり、近年の災害で不通となったままだ。

人気のリゾート地富良野と道東を結ぶルートなので、周遊型観光列車が設定されれば必要な路線となるばかりか、万一、石勝線が不通になった場合は、迂回路として重要な役割をもつはずである。しかし、危機的な状況のJR北海道には、そのような思慮や余裕もないのであろう。見捨てられたままの残念な区間といわざるをえない。

東北の2大都市を結ぶが……

3 JR東日本　仙山線《せんざん》（宮城県、山形県）

仙台と山形を結ぶ重要な路線ゆえ幹線に指定されている。仙台から愛子《あやし》までは、宅地開発が進み、通勤通学路線として1時間に3本程度の電車が運転され、盛況な区間となっている。

しかし、本来の目的である仙台と山形という2つの県庁所在地を結ぶ役割という点では、近年心もとない状況だ。山形自動車道を経由する高速バスの台頭で、便数、価格の面で劣勢に立ち、凋落の一途をたどっているのだ。数少ない快速電車の半数以上が、仙台―愛子間を各駅に停車しているようでは、速達性に欠けるであろう。

全線単線なので列車行き違いのロスタイムも多く、幹線の風格はない。せめて、仙台―愛子間を複線にしてスピードアップや列車本数の増加を図らないことには、下降線をたどるのみのような気がする。建設費の出どころが問題なのだが、道路行政最優先である国の交通体系のありかたの犠牲になった路線なのかもしれない。

4 JR東日本　上越線（群馬県、新潟県）

本来なら「上越本線」と改称してもおかしくない堂々たる幹線だった上越線も上越新幹線の開業で優等列車がごっそり新幹線に転移して、全線複線電化の施設を持て余すようになって久しい。

さらに関越自動車道経由のバスやマイカーの影響で、数少ない特急「水上」も臨時列車に格下げされ、近年は惨憺たる状況だ。今では、SL列車が走る路線として認知されている状況かもしれない。

とくに悲惨なのが、清水トンネルをはさんだ水上―越後湯沢間で、この区間を通しで運転する列車は、通常は上下5往復しかない。むしろ太平洋側と日本海側を結ぶ貨物列車の本数のほうが多く、物流の大動脈としての役割は衰えていない。

東京近郊にもある

5 JR東日本　内房線・君津―館山―安房鴨川（千葉県）

東京方面からの快速電車の終点君津以南の内房線は、単線となり、列車本数も少なくなる。特急「さざなみ」も凋落の一途をたどり、現在、君津―館山に関しては、土休日のみの運転だ。東京湾アクアラインの開通とそれに接続する自動車専用道路の充実による影響が大きく、とても幹線と呼べるような状況にはないのが残念である。

6 JR東日本　青梅《おうめ》線・青梅―奥多摩（東京都）

青梅駅までは、中央線からの青梅特快や快速電車が乗り入れ、幹線との位置付けも間違いではないと思われる。しかし、青梅以遠は電車の本数も激減し、近年のダイヤ改正では、昼間は45分ごとになるなど過疎化がすすんでしまった。

2009年までは、工夫を凝らした観光用の「四季彩」が運転されていたが、今はなく、「東京アドベンチャーライン」なる愛称を付けたものの、名前だけの状況だ。シニアを中心に沿線にハイキングで訪れる利用者もいるのだから、もう少し積極的になって「四季彩」の後継車両を造るとか、中央線から直通するイベント列車を頻繁に運転するなどの取り組みを期待したい。

7 JR東日本　中央本線・岡谷―辰野―塩尻（長野県）

「大八廻り」といって帝国議会議員でもあった伊藤大八《いとうだいはち》が政治力で中央本線のルート

を捻じ曲げたいわゆる「我田引鉄」の見本みたいにいわれる迂回区間であった。しかし、1983年に塩嶺《えんれい》トンネルが開通し、現在のルートに改められると、「大八廻り」の区間は、優等列車の走らないローカル区間に凋落した。

岡谷―辰野は、中央本線というよりは飯田線の一区間といってもいいほど飯田線に直通する列車ばかりが走る。一方、辰野―塩尻は普通列車のみが走る閑散区間になってしまった。中央本線を名乗ってはいるものの、ちょっと淋しく、幹線とはいえないような実態である。

航路が主役だったころは……

8 JR西日本 宇野線・茶屋町―宇野（岡山県）

かつては宇高連絡船へのアクセス線として、東京や大阪からの優等列車が発着し、宇野駅は四国連絡の中継駅として賑わった。しかし、瀬戸大橋の開通により、四国連絡の鉄道ルートは瀬戸大橋線に移り、宇野線の盲腸線的区間となった茶屋町―宇野はローカル線となってしまった。宇野駅の広大な敷地も整理され、1面2線の小さな終着駅が現在の姿だ。普通列車が1時間に1本程度は運転されているものの、淋しい状況である。観光列車「La Malle de Bois（ラ・マル・ド・ボァ）」が週末に発着するのが目立つ程度だ。

9　JR西日本　呉線・三原―広（広島県）

呉が軍港として栄えていた頃は、呉線は重要な幹線であり、東京や大阪から直通の優等列車が走っていた。線路の規格も山陽本線と何ら遜色がないレベルで、C59形やC62形の重量級蒸気機関車が優等列車の先頭に立っていた。

しかし、時代は変わり、呉線も広島駅よりの西半分は広島市への通勤通学路線として重要な役割を果たしているにもかかわらず、広駅以東の区間はローカル線然として列車本数も少なくなり、1時間に1本程度しか走っていない。

海岸線の美しい区間で、観光列車（「瀬戸内マリンビュー」は2019年12月で終了。2020年秋に「etSETOra（エトセトラ）」がデビュー予定）が長閑に走っている。

10 ＪＲ四国　予讃線・向井原─下灘《しもなだ》─伊予大洲（愛媛県）

内子線を含む新線区間がショートカットとなったため、優等列車は、そちら経由に変更され、予讃線の本区間は、特急列車の走らない残念な路線となってしまった。しかし、青春18きっぷのポスターや映画・ドラマのロケ地にもなった下灘駅など、観光客に知られた海辺の駅が大人気となり、ＪＲ四国は愛称を「愛ある伊予灘線」（伊予市─伊予大洲間）と命名。併せて、車窓と食事が楽しめる全車グリーン車指定席の観光列車「伊予灘ものがたり」を走らせて人気の的となっている。

前項に続き、残念な幹線をさらに10路線挙げてみた。路線の歴史を通してながめてみれば、各路線の栄枯盛衰の様子が分かるであろう。

思いがけない場所で「遺構」を発見する楽しさ

もう列車が走らず残念！ 街中に眠る廃線跡10

ざんねん 10

1 小樽旧手宮線跡地（北海道小樽市）
2 JR稚内駅から北防波堤に至る廃線跡（北海道稚内市）
3 碓氷峠信越本線廃線跡「アプトの道」（群馬県安中市）
4 横浜汽車道（神奈川県横浜市）
5 JR相模線寒川支線跡（神奈川県寒川町）
6 東京都港湾局専用線の遺構（東京都江東区、中央区、港区など）
7 築地市場引込線跡（東京都港区、中央区）
8 城東電車線路跡（南砂緑道公園、亀戸・大島緑道公園 東京都江東区）
9 JR北王子貨物線跡（東京都北区）
10 東横線渋谷駅―代官山駅廃線跡（東京都渋谷区）

小樽市内にある手宮線廃線跡

鉄道廃線跡を利用した遊歩道やモニュメントは全国いたるところに存在する。中には、人里離れて、訪問するのが至難の業な場所もあるけれど、観光地や市街地にあって誰もが手軽にアクセスできるものも多い。今回は、そうした中から気軽に楽しめる場所をリストアップしてみた。

北海道有数の観光地にある

北海道の鉄道は過疎化が進んだこともあって廃線となった路線は数多い。それらを偲んで記念館やモニュメントを建てたり、廃線跡を活用した取り組みも目につく。そんな中で、まず取り上げたいのは観光で盛り上がる小樽市内にある旧手宮線跡地だ。

1 小樽旧手宮《てみや》線跡地（北海道小樽市）

国鉄手宮線は北海道最初の鉄道である幌内―札幌―小樽市内にある手宮を結んでいた路線の一部として函館本線南小樽駅から手宮まで延びていた。旅客輸送は並行する函館本線に客を奪われ、貨物輸送もトラックに移行したため、使命を全うして廃止された。しかし、小樽市内の寿司屋通りから中央通りを経て手宮駅に至る区間は、線路がほぼ残された上、プロムナードとして整備された。とくに小樽駅前から小樽運河に至る中央通りとの踏切跡付近は多くの観光客でごった返し、人気観光スポットと化している。

旧手宮駅は小樽市総合博物館となり、北海道ゆかりの名車両が多数保存展示されるとともにアメリカ製のSLアイアンホース号が現役で走行しているので訪れる人も多い。

2　JR稚内駅から北防波堤に至る廃線跡（北海道稚内市）

日本最北端の稚内駅（稚内市）。現在の駅は2011年に開業し、旧駅舎よりやや南に移転した。そこで、旧駅にあった最北端の線路の行き止まりの車止めは、復元の上、モニュメントとして駅前広場に展示中だ。

その先、かつてのサハリンへの連絡船（稚泊《ちはく》航路）の船着場だった北防波堤まで延びていた線路は、その一部がモニュメントとして道路に埋め込まれている。北防波堤に沿って敷いてあった線路は跡形もないけれど、宗谷本線で活躍した蒸気機関車C55形の動輪が一対記念碑として置いてある。稚内駅からは徒歩圏内なので容易に散策できる。ただし、夏場でも、強風にあおられると夕方は寒いので要注意だ。

ハイキングに最適

3　碓氷峠信越本線廃線跡「アプトの道」（群馬県安中市）

その急勾配ゆえに難所だった碓氷峠。北陸新幹線開業と引き換えに、信越本線横川（安中市）―軽井沢（長野県軽井沢町）間は廃止となってしまった。廃止区間は1963年までアプト式だった旧線と粘着式の電気機関車EF63形重連のプッシュorプルによって運行されていた新線があるけれど、それらをうまく組み合わせた遊歩道「アプトの道」が整備されハイキングコースとして人気を博している。

旧丸山変電所やめがね橋（碓氷第3橋梁）といった名スポットや天然温泉「峠の湯」、野外ミュージアム「碓氷鉄道文化むら」もあるので1日楽しめる。ぶんかむら駅ととうげのゆ駅間には3月～11月の土日祝日限定（8月は毎日）でトロッコ列車「シェルパくん」も運転される。

人気観光地へ向かう遊歩道

4　横浜汽車道（神奈川県横浜市）

横浜みなとみらい地区には、かつて網の目のように張り巡らされていた貨物線の遺構が数多く残っている。それらを整備して遊歩道となっているのが「汽車道」だ。近代化産業遺産に認定されている3つの歴史的橋梁をはじめ多くの区間では通路に線路が埋め込まれ、往時を偲ばせる。赤レンガ倉庫や山下公園など人気スポットと絡めて散策するコースが人気だ。

5 JR相模線寒川支線跡（神奈川県寒川町）

国鉄時代の相模線には、寒川駅（寒川町）から相模川近くまで延びる支線が存在した。1984年の廃止後は、相模線の本線との分岐点付近から終点だった西寒川駅跡までが「一之宮緑道」として整備され、途中の一之宮公園付近と終点西寒川駅跡付近の八角広場には線路が残り、廃線跡であることをアピールしている。鉄道車両の車輪もモニュメントとして置かれ、注目する人も多い。大々的にはPRされていないけれど、現役時代そのままに敷かれた線路が注目され、知る人ぞ知る散策路として認知されている。

6 東京都港湾局専用線の遺構（東京都江東区、中央区、港区など）

旧国鉄越中島《えつちゆうじま》貨物駅（江東区）から豊洲方面に延びていた貨物線の遺構。とくに有名なのは、晴海通りの春海橋に並行して残っている「春海鉄道橋《はるみてつどうきよう》」である。線路も敷かれたままであり、赤錆びが目立つところから「赤橋」とも呼ばれる巨大な鉄道遺構だ。１９８９年の廃止以来、30年以上経つものの撤去もされず残っている。ローゼ橋と呼ばれる美しいアーチ橋で、麗しい姿には見とれてしまう。老朽化が進んでいるものの、遊歩道として再活用する計画もある。

その路線の越中島貨物駅方面は、しばらく線路跡が途絶えているけれど、豊洲北小学校脇の遊歩道に線路がモニュメントのように埋め込まれている。それを北東方面に延ばすと、豊洲運河を渡った鉄橋の遺構として橋脚のみが残っている。街中なので、歩きやすく、ところどころで遺構を見つけながら散歩すると楽しい。

7 築地市場引込線跡（東京都港区、中央区）

貨物ターミナルだった汐留駅（港区）から築地市場（中央区）まで延びていた貨物

線は1987年に廃止されたた。線路跡は道路に転用されたものの、銀座郵便局脇の浜離宮前踏切の警報機のみが「銀座に残された唯一の鉄道踏切信号機」として保存されている。

クルマや徒歩で通りかかると、線路がないのに踏切の警報機が立っているのに驚くことであろう。そこから朝日新聞東京本社ビルの裏手に続く道が線路跡だ。線路がなくてもカーブの具合など普通の道路とは違うことは、廃線跡をいくつも散策していると感覚的に分かると思う。

かつて都電が走っていた

8　城東電車線路跡（南砂緑道公園、亀戸《かめいど》・大島《おおじま》緑道公園　東京都江東区）

都電砂町線は、城東電気軌道という私鉄が当時の東京市に買収され、都電の一路線となったものだ。道路以外の専用軌道を走る区間もあり、それが1972年の廃止後、複数の緑道公園として整備されている。東京メトロ東西線の東陽町駅（江東区）近くには南砂緑道公園がある。永代通りから緑道への入口は直角ではなく、急カーブしているのが廃線跡らしい。歩道と自転車道に分かれていて、途中で大きく東へカーブする。小名木川貨物線と交差するあたりには、ここを走ったであろう都電車両の車輪が短い線路上に置かれ、廃線跡のモニュメントになっている。

JR亀戸駅（江東区）東口近くの京葉道路を渡る水神森交差点から南下しているのが亀戸緑道公園だ。途中、首都高速の高架下にある竪川人道橋《たてかわじんどうきょう》の片隅には都電のものと思われる車輪二対がモニュメントとして置かれ、29系統、38系統というここを走っていた都電の系統が記されている。歩道にはレールのモニュメントが埋め込まれ、路面電車が走っていたことを思いださせてくれる。当時の路面電車の走る風景を切り絵風にあしらったモニュメントは中々洒落ている。ここから南は大島《おおじま》緑道公園となり、都営新宿線西大島駅付近まで続いている。

往時を物語る王子の廃線跡

9 JR北王子貨物線跡（東京都北区）

JR京浜東北線の王子駅（北区）ホーム南行きの線路の隣に単線の線路が残っている。かつての貨物線跡で北にたどって行くと、東北新幹線の高架下をくぐり抜け、いくつか踏切跡を過ぎて巨大なマンション群に吸い込まれていくように消えてしまう。

かつて製紙工場の倉庫だったところで、貨物専用の北王子駅廃止後に再開発されて団地に生まれ変わったのだ。2014年夏の廃止なので、線路はまだまだ残っている。遊歩道として生まれ変わるのだろうか？

地上にあった東横線渋谷駅

10 東横線渋谷駅―代官山駅廃線跡（東京都渋谷区）

2013年3月に東横線渋谷駅（渋谷区）は地下化され、東京メトロ副都心線と直通運転を開始した。それにともない、代官山駅直近までの路線は地下に潜り、地上施設はすべて廃止となった。その跡地に最近できたのが高層ビル渋谷スクランブルスクエア東棟と渋谷ストリームである。

渋谷スクランブルスクエア2階から渋谷ストリームへの通路は、かつての東横線渋谷駅ホームの跡地で、ホームを覆っていた蒲鉾形屋根の側面にあしらわれていた特徴あるクラム形（めがね形）の壁がしっかり再現された。通路には本物の線路が埋め込まれ、かつてここを東横線が走っていたことを彷彿とさせる。線路の分岐（ポイント）らしきものも再現されているのは往時を知る者にとっては嬉しい。その先、渋谷川に沿った遊歩道にもレールが埋め込まれていたり、高架橋の支柱や橋脚を残してオブジェとしたりと過去の思い出を大切にしているのは好ましいことだ。
うらさびれた廃線跡とは一線を画した洒落た跡地利用は大都会のど真ん中であることと、廃止とはいっても地下にもぐったための跡地ということで無念さがないためもあろう。ある意味、幸せな廃線跡である。

廃線跡の線路は、活きた列車が走るのを再び見ることはないのが残念ではあるけれど、思わぬところで往時を偲ぶ遺構やモニュメントを見つけることもあり、発見の楽しみを味わうことのできる散策なのだ。

Part 3

何かがずれている〝ミスマッチ〟で残念な駅・路線

残念？　オアシス？　都心の「閑散とした駅」10

人が少ない分、落ち着ける場所でもあり

1　越中島駅（ＪＲ東日本　京葉線／江東区）１日平均乗車人員：５７３５人

2　上中里駅（ＪＲ東日本　京浜東北線／北区）１日平均乗車人員：８０６２人

3　尾久駅（ＪＲ東日本　東北本線／北区）１日平均乗車人員：１万人

4　西ケ原駅（東京メトロ南北線／北区）１日平均乗降人員：８７８５人

5　桜田門駅（東京メトロ有楽町線／千代田区）１日平均乗降人員：１万３２０７人

6　北参道駅（東京メトロ副都心線／渋谷区）１日平均乗降人員：２万４３５５人

7　南新宿駅（小田急小田原線／渋谷区）１日平均乗降人員：４０２３人

23区内のＪＲ駅で利用者数最少の越中島駅

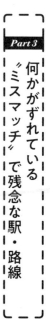

8　新桜台駅（西武有楽町線／練馬区）　1日平均乗降人員：9532人
9　亀戸水神駅（東武亀戸線／江東区）　1日平均乗降人員：4245人
10　市場前駅（ゆりかもめ／江東区）　1日平均乗降人員：7902人

東京23区内にありながら、利用者の少ない駅がある。地方のローカル線の駅とはケタが違うけれど、常時混雑している駅が多い23区内では異色の存在である。誰でも知っているわけではないのでマイナーな駅が多く、鉄道会社にとっては収益が上がらないので「残念な駅」だが、見方を変えれば都会のオアシスのような落ち着ける場所ともいえる。本項では、こうした利用者の少ない駅を取り上げ、なぜ閑散としているのかを考えてみたい。（各駅の乗車人員・乗降人員は特記以外2018年度のデータ）

23区のJR駅で利用者数最少

1　越中島駅（JR東日本　京葉線／江東区）　1日平均乗車人員：5735人

JR東日本では、各駅の乗車人員をかなり下位に至るまで発表している。それによると、23区内の駅で最下位なのは、京葉線の越中島駅で1日平均5735人となっている。同じ京葉線でも東京寄りの隣駅である八丁堀駅が3万5764人、千葉方面の隣駅である潮見駅が1万3565人、その隣の新木場駅が7万9161人だから越中島駅の少なさが際立っている。

この駅は地下駅で、地上に上がると、道路の周囲は東京海洋大学の敷地が大半を占めている。清澄《きよすみ》通りから少し入ったところに駅の出入り口があるので、案外分かりにくいし、夜間は暗いので女性には敬遠されそうだ。徒歩10分足らずのところに地下鉄東西線と大江戸線の門前仲町駅、さらに至近距離にバス停があるので、周囲の人は地下鉄や都バスを利用するのであろう。

駅ができたのが1990年と比較的新しい上に、終点の京葉線東京駅の乗り換えが不便、当初は1時間当たり4本しか電車が停車しなかったことなどの要因で、東西線から京葉線利用に改める人はほとんどいなかったであろう。しかし、武蔵野線直通電車が各駅停車となり1時間当たりの停車本数が増えたこともあって、至近距離の東京海洋大学の学生や教職員をはじめ利用者数は着実に伸びてきている。それにしても地下への出入り口から改札口までの距離がずいぶんある上に通路は殺風景、店舗も何もなく淋しげである。

2 上中里駅（JR東日本　京浜東北線／北区）1日平均乗車人員：8062人

23区内のJR線では越中島駅に次いで乗車人員の少ない駅だ。北東側は新幹線の高架橋に遮られ、南西側は崖となっていて圧迫感がある。新幹線高架橋の先にある街の向こうには尾久車両センターがあるものの駅から見えるわけではなく、そちらへ渡る歩道橋は4階の高さなので、エレベーターを利用することになり、やや不便だ。

駅前に大きな商店街はなく、すぐに坂を登って本郷通り方面へ向かう。バラの名所として知られる旧古河庭園は徒歩圏内にあるものの、坂を登っていくことから、高齢者は駒込駅からコミュニティバス利用が多いと思われる。尾久車両センター、神社、公園などが近くにあり、多いとは思えない地元の利用者を尾久駅、地下鉄西ケ原駅と分け合っているためか、乗車人員は年々漸減している。

車両基地を挟んで東側

3 尾久駅（JR東日本　東北本線／北区）1日平均乗車人員：1万人

個人的には、残念な駅とは思っていない。ホームから尾久車両センターのさまざまな車両が見える。少し前までは北斗星、カシオペアなどの寝台車、今は、「なごみ（和）」や「四季島」が停まっていることもあり、「聖地」ともいえる駅だ。しかし、熱くなるのは鉄道ファンばかりで、乗車人員は、長らく1万人を切っていたが、2018年度にやっと1万人となった。23区内で乗車人員の少ないワースト3は、越中島駅、上中里駅、尾久駅の3つだ。

しかし、過去にさかのぼってみると、2000年頃は、上中里駅のほうが利用者は多かった。それが、2007年に逆転して以来、尾久駅が増え続けているにもかかわらず、上中里駅は7000〜8000人台で低迷している。とくに2015年春に上野東京ラインが開業して以来、東京駅、新橋駅へ乗り換えなしで行けるようになって利便性が向上したため、尾久駅の乗車人員は初めて9000人台の大台に乗ったのである。そして、2018年には1万人の大台に乗り、躍進中である。鉄道ファン以外には知られることがなかった尾久駅が、いよいよ、残念な駅ではなくなりつつあるようだ。

4　西ケ原駅（東京メトロ南北線／北区）　1日平均乗降人員：8785人

JR尾久駅、上中里駅に近いところにある東京メトロ南北線の西ケ原駅は、メトロの駅の中で一番利用者数が少ない駅として長年最下位の130位をキープし続けている。129位の同じ南北線志茂駅と比べても、その少なさが際立っている。メトロ唯一の1万人以下（ただし、乗降客数なので乗車人員であるJRの数字との単純比較はできない）だが、年々少しずつ増加している。

南北線自体が、巨大ターミナルを避けて通っているので、マイナーな路線で相変わらず6両編成と短い。そうしたことも西ケ原駅の利用者の少なさに影響しているのではないだろうか？

官庁街の駅なのに意外？

5　桜田門駅（東京メトロ有楽町線／千代田区）　1日平均乗降人員：1万3207人

東京メトロの駅利用者数ワースト3に桜田門駅が入っているのが不思議だ。西ケ原、志茂と比べても格が違う気がする。しかし、現実は厳しい。この都心の一等地にあるはずの駅が低迷しているとは、ある意味驚きだ。地上に上がれば警視庁と駅名の由来となった皇居の桜田門がある。

もっとも、周囲を歩いてみると、すぐ近くに3路線が交わる霞ケ関駅、日比谷駅がある。やはり乗り換えが便利な両駅が好まれるのだろう。それに有楽町線は、有楽町駅が日比谷駅との乗換駅になっているとはいえ、2つの駅はかなり離れているし、銀座も他の路線の銀座駅とはやや離れたところにある銀座一丁目駅である。東京駅からなら、丸ノ内線で霞ケ関駅を目指したほうが便利だし、新宿駅からもアクセスが不便だ。低迷する理由は、そのあたりにありそうだ。

6 北参道駅（東京メトロ副都心線／渋谷区）1日平均乗降人員：2万4355人

もともと副都心線の計画上は、ここに駅ができる予定はなかった。しかし、地元の要望が実ってここに駅ができたのだ。それにしても、微妙な位置に駅がある。JR代々木駅とは徒歩5分くらいの近さであるし、JR千駄ケ谷駅も徒歩10分ほどの距離だ。ほかには乗り換えできる地下鉄路線はない。よって、Fライナー、急行、通勤急行は通過となり、ちょっと影が薄い駅だ。同じ参道が付いていても表参道駅とはにぎわいがまったく異なる。

7 南新宿駅（小田急小田原線／渋谷区）1日平均乗降人員：4023人

小田急の駅利用者数の2016年度の最下位は意外なことにターミナル駅新宿駅のお隣の南新宿駅（新宿を名乗るのに渋谷区にある！）だった。小田原駅近くの足柄駅、螢田駅を抑えて堂々の最下位は、ある意味驚きだ。しかし、考えてみれば新宿駅や代々木駅に近すぎるので、わざわざ新宿駅から1駅だけ小田急に乗る人は少数派であろう。小田急線沿線から代々木駅周辺に出掛けるときに、南新宿駅で降りると便利な人が若干いるので存在価値があるともいえる。

代々木上原から登戸まで待望の複々線化が完了し、すべての駅は高架駅か地下駅となってしまった。そうした中、都心で昔からの小田急の駅の雰囲気が残るのが南新宿や参宮橋だ。ある意味、貴重な駅なのである。

2018年度の乗降人員ランキングでは最下位は小田原駅の隣の足柄駅となり、南新宿駅は下から2番目と順位が逆転した。最下位ではないものの低迷していることに変わりはない。

8 新桜台駅（西武有楽町線／練馬区）1日平均乗降人員：9532人

地下鉄有楽町線、副都心線と西武池袋線との相互直通運転開始のためにできた西武有楽町線唯一の中間駅である。しかし、西武池袋線の江古田駅や桜台駅が近くにあり、存在感が薄い。しかも池袋へ出るのに新桜台駅から電車に乗ると、隣の小竹向原駅から東京メトロの路線になってしまうので運賃は320円（ICカードなら315円）。一方、桜台駅あるいは江古田駅から西武池袋線に乗れば、池袋駅までは180円（ICカードなら178円）だ。これでは、わざわざ新桜台駅から池袋へ行く人はいないだろう。混雑する池袋駅での乗り換えを避けて有楽町線や副都心線沿線に向かうときには役立つといえる。

ところで、西武線あるいは東京メトロで人身事故などが発生し、直通運転を中止した場合、西武池袋線と東京メトロの橋渡しとなる西武有楽町線全線（小竹向原―練馬）は運休となる。つまり新桜台駅には復旧するまで電車がやってこないのだ。利用者は、桜台駅、江古田駅、あるいは小竹向原駅まで歩くしかない。こうしたリスクもあって、新桜台駅の利用者は少ないのかもしれない。

亀戸天神と間違えないで！

9 亀戸水神駅（東武亀戸線／江東区） 1日平均乗降人員：4245人

東武鉄道の23区内の駅で乗降客数が1万人以下の駅は4駅ある（東あずま、小菅、堀切、亀戸水神。なお、北池袋駅は2018年の統計では、1万人を超え1万102人だった）。そのうち亀戸線の駅が2つあり、亀戸水神駅は、4駅の中で一番少ない4245人となっている。亀戸線は亀戸と曳舟を結ぶ僅か3.4㎞のミニ路線で、全線通しで乗っても8分ほどで終点に着いてしまう。2両編成のワンマンカーというのが東京都心とは思えない。

亀戸水神駅は、亀戸線の南のターミナルとなる亀戸駅の次の駅で乗車時間は1分、歩いても10分くらいの距離だ。駅の東側は広大な亀戸中央公園だから、このあたりに住んでいる人は西側、つまり亀戸駅から徒歩圏内がほとんどなので、都心に出るのであれば亀戸からJR総武線利用となり亀戸線のお世話にはならないだろう。

亀戸水神社というのは水をつかさどる神様を祭ったもので、有名な亀戸天神社とは異なる。亀戸天神と間違えてやってくる人が時折いるらしく、駅には「亀戸天神と亀戸水神はちがいます」との注意書きが貼ってある。ちなみに亀戸天神の最寄り駅は亀戸駅で亀戸線とは異なる方向へ10分ほど歩いたところにある。

亀戸水神駅の曳舟方面行きのホームと駅舎をつなぐのは跨線橋でも地下道でもなく構内踏切だ。都内では希少価値のある施設であり、古き良き時代の名残をとどめる貴重な駅でもある。

10 市場前駅（ゆりかもめ／江東区）1日平均乗降人員：7902人

かつては、駅の周囲は何もなく「都心の秘境駅」との異名もあり、利用者はほとんどいなかった。しかし、豊洲市場への移転が決まり、2018年の開場前は、工事も急ピッチで進み、工事や市場関係者の利用も増えつつあった。そして、豊洲市場が開場後は、いよいよ本領発揮。急激に利用者は増え、残念な駅の汚名を返上するに至った。

※乗降客数の変遷
２０１１年＝15人、２０１３年＝54人、２０１６年＝５７９人、２０１７年＝９３９人
２０１８年＝７９０２人（Ｐ１６４も参照）

都心にある利用者の少ない駅は、今後、大化けしてメジャーになる可能性を秘めた駅がある一方で、さまざまな事情から、これからもマイナーな駅のままであり続けるものもあろう。「残念な」状況ではあっても、人によっては都会のオアシス的な魅力を感じる駅もある。数年後、これらの駅がどうなっているか、興味津々ともいえよう。

ざんねん10

名が体を表していない？「残念な路線名」10

「さくらトラム」「桃太郎線」どこだかわかる？

1 東武アーバンパークライン（東武野田線）
2 東京さくらトラム（東京都交通局 荒川線）
3 宇都宮線（JR東日本 東北本線&京浜東北線）
4 桃太郎線（JR西日本 吉備線）
5 阿波室戸シーサイドライン（JR四国 牟岐線）
6 ドラゴンレール大船渡線（JR東日本 大船渡線）
7 札沼線（JR北海道 愛称は学園都市線）
8 名松線（JR東海）
9 信越本線（JR東日本）
10 東上線（東武鉄道）

鉄道の路線名というのは実用的なものである。その名称を聞くと、どのあたりを走っている路線なのかイメージできることが好ましい。ところが近年、やや意味不明な

東武アーバンパークライン60000系

愛称や、実態にそぐわなくなった線名が散見されるようになっている。
本項は、そうした「残念な」路線名を取り上げてみよう。

「アーバンパーク」略せる？

1 東武アーバンパークライン（東武野田線）

2014年4月から東武野田線に「アーバンパークライン」なる愛称が付けられた。それ以来、駅の看板や案内に至るまですさまじいばかりの攻勢で、この名称を普及しようと躍起になっている感じである。「アーバンパークライン」とは、沿線にいくつもの公園や都市があり、それらを結ぶところから命名したとの説明がある。

しかし、「アーバンパークライン」と聞いて、どのあたりを走っている路線と分かる人が、どのくらいいるのだろうか？　路線名や愛称は呼びやすいこと、聞きやすいことが普及する条件だろう。カタカナでしかも長い呼称は普及しにくい。日本人は長い単語を言いやすくするために短縮化することがよくあるけれど、アーバンパークラインは言いにくいのみならず、短縮形も作りにくい。

日本語は4文字に収めるのが据わりがいいようで、たとえばブルートレインはブルトレ、パーソナルコンピューターはパソコンという略称で普及した歴史がある。それに反し、アーバンパークラインは何と縮めたらよいのだろうか？　正式名の野田線は「のだせん」と4文字で呼びやすいのだ。これでは一般化は無理ではないだろうか。

この愛称に関しては、沿線の「ソライエ清水公園アーバンパークタウン」という大規模住宅分譲地をPRするために路線愛称名を決めたのではと指摘する向きもある。広告と紛らわしい名称であるなら公共放送が採用するわけはなく、ニュースなどでは正式名の東武野田線を使用している。どうせなら、日本語の「公園都市」にすればよかったが、すでに神戸電鉄に公園都市線がある以上、それは二番煎じとなる。

どこまで普及するのか、あるいはいつしか消えてなくなるのか？　そういう意味では、注目していたい愛称名である。

2 東京さくらトラム（東京都交通局　荒川線）

東京に唯一残った都電は「荒川線」として長年親しまれてきた。ところが、2017年4月に東京都交通局は「東京さくらトラム」という愛称を設定し、それを普及させようと涙ぐましい努力をしている。

それにしても、なぜ「さくらトラム」なのだろうか？　確かに、沿線には飛鳥山をはじめ桜の名所が多い。しかし、都電荒川線沿線の代表的な花といえばバラであろう。線路際にバラを咲かせ、風物詩として定着しているのに、あえてサクラとしたのは、首をかしげざるをえない。

荒川線の駅ナンバリングのアルファベットはＳＡとなったが、これは“Streetcar Arakawaline”の頭文字とも受け取れる。万一「さくらトラム」が普及しなかったときのことを考えて決めたのかもしれない。

東北に行かないのは同じでも……

3　宇都宮線（ＪＲ東日本　東北本線＆京浜東北線）

ＪＲ東北本線の黒磯駅（栃木県那須塩原市）以南を「宇都宮線」と愛称で呼ぶことは、１９９０年にさかのぼり、すでに四半世紀以上の歴史がある。すっかり定着してしまった感があり、言いやすいことも一因であろう。当時の栃木県知事がＪＲに提案し、沿線自治体も賛同したため、案内表記も宇都宮線が一般的になってしまった。

確かに、黒磯以北へ直通する旅客定期列車はなくなったので、実態に即しているともいえるが、東北という語句への偏見も感じられ、全面的に賛同するにはためらいがある。

その一方で、東北どころか近場の大宮までしか行かない近郊の電車を「京浜東北線」と相変わらず呼んでいるのは、よく考えてみればおかしなことである。すっかり定着しているので異議を唱えたりはしないけれど、宇都宮線と京浜東北線という2つの線名を並べてみるのは興味深いことにも思える。

4　桃太郎線（JR西日本　吉備線）

岡山駅から総社駅までを結ぶJR吉備線の通称は「桃太郎線」である。路線カラーはピンクであり、これも桃をイメージしている。岡山市近郊の沿線は、桃太郎伝説が残るところで、そういう意味では納得できる愛称であろう。とはいえ、路線名に人名をつけるのは、やや違和感がある。

JR吉備線は、ようやくLRT（次世代型路面電車システム）化が決まり、富山港線が富山ライトレール（2020年2月より富山地方鉄道に吸収合併）となったように、ローカル線からの脱皮が期待されている。遠くない将来どんな姿になるのか、そして線名はどうなるのか、桃太郎線を踏襲するのか、別の路線名となるのか楽しみである。

海辺を期待するとがっかり?

5 阿波室戸シーサイドライン（JR四国　牟岐線＋阿佐海岸鉄道）

徳島駅から徳島県内を南下し、牟岐《むぎ》を経て、海部《かいふ》に至るJR四国の路線と、その先の阿佐海岸鉄道を合わせた愛称である。それほど普及しているとは思えないけれど、「阿波室戸シーサイドライン」として、時刻表にもその記載がある。

しかし、実際に乗ってみると、とてもシーサイドラインという雰囲気ではない。牟岐までは、車窓から海がよく見えるのは田井ノ浜あたりだけ。牟岐を発車すると、ようやくシーサイドラインの雰囲気となる。

室戸に行くには、海部で阿佐海岸鉄道に乗り換え、さらに終点の甲浦《かんのうら》駅からはバスに乗らなければならない。ローカル線の旅が満喫できるよい路線ではあるものの、愛称につられて過大な期待をすると裏切られてしまう。

6 ドラゴンレール大船渡線（JR東日本　大船渡線）

政治家が地元に鉄道を引っぱろうとする「我田引鉄」の代表例としてよく挙げられる路線で、政治家に翻弄されたルートを竜の姿になぞらえ「ドラゴンレール」としたことは面白く、なかなか秀逸な命名である。

残念なのは「ドラゴン」という愛称ではなく大船渡線のほうである。災害による影響なので致し方ないが、東日本大震災で路線の4割ほどが失われたままで、列車のみで大船渡を目指すことはできなくなってしまった。BRT（バス高速輸送システム）ではやはり淋しい。しかし、鉄路での復活は、無理となってしまった。

「愛称」だけでなく、前記の大船渡線のように、路線名にかかわる地名にたどり着けないという点で残念な路線がいくつかある。以下の4つはそうした路線名を選んでみた。

7 札沼線（JR北海道　愛称は学園都市線）

札幌のひとつ西寄りにある桑園駅から大きく向きを変え北東方向に進む長大なロー

カル線だった札沼線。列車の起点は札幌であり、終点は当初留萌本線の石狩沼田となっていた。しかし、先へ行けば行くほど過疎地なので、1972年に新十津川《しんとつかわ》―石狩沼田間が廃止され、札幌と沼田を結ぶ「札沼線」の名前は実態に合わなくなった。

ところが、札幌近郊の住宅開発と大学が沿線にできたため、札幌―石狩当別―北海道医療大学間は列車本数も増え、駅も増設され都市近郊路線として発展している。2012年には北海道医療大学駅までの電化が完成し、面目を一新した。そうした状況から、学園都市線の愛称が付けられ、札沼線という線名は、現在時刻表以外ではあまり見掛けなくなっている。

その一方で、末端の非電化区間はあまりにも閑散とした区間で、とくに浦臼《うらうす》―新十津川間は、2016年春以降、1日1往復になってしまった。そして、2020年5月7日付けで廃止された。こうして、北海道医療大学より先の区間は廃止となったが、札沼線の名称はどうなるのだろうか？（P149・179も参照）

果たせなかった夢の跡

8 名松線（JR東海）

台風による甚大な被害で部分廃止もうわさされたJR名松線は、2016年に奇跡的な復活を遂げた。とはいえ、過疎に悩み人気のある観光地に乏しい沿線だけに前途は多難であり、さまざまな活性化策を実行することが期待される。

そうした名松線の歴史を振り返ったとき、果たされなかった夢があったことをどれだけの人が知っているだろうか？　名松線の名称は、近鉄大阪線の名張と松阪を結ぶことに由来する。結局は、途中の伊勢奥津で果ててしまい、今は伊勢奥津と名張を結ぶバスが早朝に1便あるのみ。松阪から名張まで行きたいなら近鉄を利用すればよいので、名松線が中途半端な状況で途切れてしまった現状でも不便と感じる人はいないであろう。

名前だけを見ると残念な路線だが、沿線の渓谷美や四季折々の移ろいなど、車窓が楽しめる路線だけに、せっかく復活したのだから観光列車などを走らせて集客してほしいものである。

9　信越本線（JR東日本）

本線と名が付く長大な路線で、これほどまでに残念な状況になってしまった路線はほかにあるだろうか？　北陸新幹線の開業に伴い、ずたずたに分断されてしまった気の毒な路線である。
横川―軽井沢間は廃止、軽井沢―篠ノ井間はしなの鉄道線に、長野―妙高高原間はしなの鉄道北しなの線、妙高高原―直江津間はえちごトキめき鉄道に、それぞれ移管されてしまった。群馬県内を走る高崎―横川間に至っては、「信」も「越」も関係ないところで完結しているのに信越本線を名乗り、かわいそうな感じもする。時代の流れとはいいえ、残念極まりない。

「東上」するから東上線ではない！

10　東上線（東武鉄道）

最後に登場するのは東武東上線。言いやすいこともあって何も考えずに東上線という路線名を使っているけれど、その由来を知ると無念さが伝わってくる。東上線とは、東京から（地図の）上のほうへ延びているから付いた名称ではない。１９１２年に東上鉄道として発足したときは、東京からとりあえずは上州（群馬県）の渋川まで鉄道を敷設するつもりで「東上」と命名したのである。ゆくゆくは、さらに北上して新潟県の長岡まで路線を延ばす壮大な構想があったのだ。

しかし、渋川まで到達することもなく、埼玉県の寄居で建設は中断。そうこうしているうちに国鉄（現ＪＲ）八高線の計画が出てきて、寄居以北への延長は夢と消えてしまった。今では、池袋から寄居までの直通列車もなく、小川町駅で系統は分断されている。秩父鉄道へ乗り入れる観光用電車も消え、純然たる通勤通学路線として大繁盛だ。それでも、長距離鉄道として発足して「東上線」と命名したことを考えると、ちょっと淋しい。

鉄道路線は時代とともに役割を変えつつ、栄えるものもあれば、衰退の一途をたどるものもある。それでも路線名だけは、長年親しまれていれば簡単に変えることはまならない。だからこそ、新たに命名したり、愛称を考えるときは、あとで後悔することのないよう、多くの人が納得できる名称にしてほしいものである。

大都市の近郊で通勤・通学の利用者が多いのに

幹線扱いされず残念！「元気な地方交通線」10

ざんねん10

1 JR北海道 札沼線・札幌―北海道医療大学（北海道）
2 JR東日本 田沢湖線・盛岡（岩手県）―大曲（秋田県）
3 JR東日本 越後線・新潟―内野（新潟県）
4 JR東海 武豊線・武豊―大府（愛知県）
5 JR東海 高山本線・岐阜―高山（岐阜県）
6 JR西日本 可部線（広島県）
7 JR四国 内子線（愛媛県）
8 JR九州 筑豊本線・桂川―若松（福岡県）
9 JR九州 香椎線（福岡県）
10 JR九州 豊肥本線・熊本―肥後大津（熊本県）

JR札沼線石狩太美駅

P96～114で「幹線」に分類されながらも実態は「地方交通線」という残念な路線を合わせて20路線紹介した。本項では、逆に、地方交通線に分類されながらもJR

各社の経営努力や沿線の開発により「幹線」に再分類してもおかしくない元気な路線を取り上げてみた。

JR北海道の希望の星？

1　JR北海道　札沼線・札幌—北海道医療大学（北海道）

経営不振にあえぐJR北海道において、希望の星といえるのが札沼線の札幌近郊区間、桑園〜北海道医療大学間である。かつては、札幌近郊にありながらものどかな田園地帯を走ることもあってか、2時間に1本列車が走る程度の閑散路線であった。

ところが、沿線にニュータウンの建設、北海道教育大学札幌校、北海道医療大学が設置されたことからにわかに利用客が増加。駅の新設、複線化、高架化、列車本数の増加と好循環を繰り返し、2012年には桑園—北海道医療大学間の電化が完成。札幌駅から直通の電車が走り始めた。

現在、昼間は札幌発20分ごと、夕方のラッシュ時は15分ごとと、とても地方交通線とは思えない。地方交通線としては、一部の区間に限るものの全国で最大の輸送密度を誇るとの統計もある。

なお、北海道医療大学—新十津川の非電化閑散区間は、2020年5月7日付で廃止された（最終運行は4月17日）。また、札沼線という名称は、札幌と石狩沼田を結んでいたことに由来するのだが、すでに実態にあっていないため学園都市線という愛称が一般的には普及している。（P143・179も参照）

2 JR東日本　田沢湖線・盛岡（岩手県）—大曲（秋田県）

岩手県の盛岡駅と秋田県の大曲駅を結ぶ田沢湖線は、秋田新幹線「こまち」が1時間に1本は走るのに、地方交通線のままである。もともとは地味なローカル線をつないで東北横断線のひとつとしたのだが、東北新幹線盛岡駅開業で、秋田への近道として脚光を浴び、電化、その後ミニ新幹線のルートと躍進を続けた。「こまち」以外の普通列車は本数も少なく、赤渕～田沢湖間は1日4往復しか列車が走っていない。

しかし、現在、どの幹線でも特急重視で、田沢湖線の一部区間以上に普通列車の本数が少ない区間は多々あるので、これだけで地方交通線にしておいてよい理由とはならないであろう。

新潟・名古屋の近郊路線

3　JR東日本　越後線・新潟―内野（新潟県）

新潟市の近郊路線としての役割を果たす越後線。区間によって列車本数のバラつきはあるけれど、新潟―内野間は、昼間でも1時間に3本の設定がある。新潟駅が起点の白新線や、新津から信越本線に乗り入れて同駅に列車が直通する磐越西線がどちらも幹線であることを考えると、越後線だけ地方交通線扱いするのは気の毒にも思える。

4　JR東海　武豊《たけとよ》線・武豊―大府《おおぶ》（愛知県）

知多半島を走り、愛知県最古の路線という伝統ある武豊線は、近年まで冷遇されてきた名古屋圏の近郊路線だ。半田や武豊は名鉄河和線の利用者のほうが多く、非電化のディーゼル路線では勝ち目がなかった。

遅まきながら、2015年に全線電化され、名古屋からの直通の区間快速電車も走るようになった。昼間は30分ごと、ラッシュ時には1時間に3～4本の電車が運行され、輸送密度も幹線並みに高いので、地方交通線のままなのがかわいそうな気がする。

5　JR東海　高山本線・岐阜―高山（岐阜県）

名古屋から（1本は大阪から）の特急列車「ワイドビューひだ」が世界的に有名な観光地高山へ向けて多くの観光客を運んでいる。定期の特急列車は名古屋から1日10往復、繁忙期には臨時列車も運行される。

名古屋発で見た場合、1日4往復の「ワイドビュー南紀」が走る紀勢本線が幹線なのに高山本線が地方交通線扱い。何ともアンバランスな実態である。

中国・四国地方にも

6　JR西日本　可部線（広島県）

一旦は2003年に廃止となった可部以北のうち、沿線に宅地が広がる可部―あき亀山間が2017年3月に電化延伸という形で復活した。現在では、「レッドウィング」と呼ばれる新型電車227系が颯爽と走っている。本数は昼間で1時間に3本、ラッシュ時には途中の緑井駅折り返しを含めると5〜6本もあり、とても地方交通線というイメージではない。

廃止になったJR線の一部が運転を再開するのは全国で初めてのケースであり、これからも頑張ってほしい路線のひとつだ。

7 JR四国　内子線（愛媛県）

かつて予讃本線から分岐する盲腸線だった内子線のうち新谷—内子間を組み入れて、あとは予讃線の新線とともに海沿いの本線のショートカットが1986年に完成。優等列車は原則、ショートカット経由となっている。

長崎本線や中央東線の旧線新線のように、すべて予讃線に組み入れればよかったものの、現在に至るまでややこしいことになっている。しかし、利用者のうち、内子線を走行しているなどと体感している人は、地元の鉄道通以外どれくらいいるのだろうか？

8 JR九州　筑豊本線・桂川《けいせん》—若松（福岡県）

石炭輸送全盛期には非電化ながら複線どころか複々線区間もあるなど繁栄を極めた路線だった。だが、炭鉱の閉山などで急速に斜陽化が進み、国鉄再建法制定の基準となる1980年当時は地方交通線に格下げされても致し方ない状況だった。その後は、福岡近郊路線として、篠栗《ささぐり》線とともに桂川―折尾《おりお》間が電化され、状況は一変、運行本数も増え、幹線にしてもいい状況ではある。

非電化でも「電車」が走る

9 JR九州 香椎線（福岡県）

一部区間が福岡市内を走るものの全線非電化のローカル線だった。今では、全線が福岡近郊区間に含まれている。JR九州になってからは、列車の本数が大幅に増え、一時は昼間でも20分ごとに列車が走るようになった。

近年のダイヤ見直しにより、昼間は30分ごと、夕方は1時間に3本と調整されたものの、幹線に分類していいほどの状況である。

2019年3月から、あらかじめ香椎駅で蓄電池にためておいた電気で走る「DENCHA」が投入され、架線がないにもかかわらず〝電車〟が走っている。

これにより面目を一新、都市近郊路線としてふさわしい路線になった。

10 JR九州 豊肥本線・熊本―肥後大津（熊本県）

熊本都市圏の熊本―肥後大津間は１９９９年に電化され、昼間は１時間に２〜３本と地方都市圏にふさわしい状況である。九州新幹線開業前には、特急「有明」が博多へ直通運転していた。

２０１９年の改元で再注目された平成駅は１９９２年、光の森駅は２００６年に開業しており、新駅が誕生するほど比較的利用者が多い路線になっている。

一方、観光特急「あそぼーい！」も走っていた肥後大津より先、阿蘇までの区間は熊本地震で甚大な被害が出て長い間運転を見合わせたままだったが、２０２０年８月に復旧の見通しだ。今後は熊本空港への延伸計画や複線化の構想が実現できるか注目される。

以上のように、地方交通線に分類されていても真の「幹線」に匹敵する元気な路線、区間もある。見かけにとらわれず、実情をしっかり見ていきたいものだ。

首都圏には意外に多い？　昔のままの駅名

遊園地や市場……「今はない施設名の駅」10

ぜんねん10

1　向ヶ丘遊園駅（小田急小田原線／神奈川県川崎市）
2　行川アイランド駅（ＪＲ東日本　外房線／千葉県勝浦市）
3　花月園前駅⇒花月総持寺駅（京急本線／横浜市鶴見区）
4　鶴見市場駅（京急本線／横浜市鶴見区）
5　大森海岸駅（京急本線／東京都品川区）
6　青物横丁駅（京急本線／東京都品川区）
7　大鳥居駅（京急空港線／東京都大田区）
8　一本松駅（東武越生線／埼玉県鶴ヶ島市）
9　高根公団駅（新京成電鉄／千葉県船橋市）
10　市場前駅（ゆりかもめ／東京都江東区）、築地市場駅（都営地下鉄大江戸線／東京都中央区）

2017年4月1日に改名された獨協大学前〈草加松原〉駅〈東武スカイツリーラ

向ヶ丘遊園は2002年3月閉園されたが駅名はそのままに

イン・埼玉県草加市）の旧駅名は松原団地。かつては駅近くに存在したのに、時代の流れで松原団地が存在しなくなったゆえの駅名変更だった。

ところが、施設などがとうの昔になくなってしまったのに、いまだに駅名としては存在し続けている例が各地に存在している。そんな駅を首都圏の路線から選んでみた。

レジャー施設は永遠なり

1　向ヶ丘遊園駅（小田急小田原線／神奈川県川崎市）

都心から近い小田急沿線のレジャー施設として人気だった向ヶ丘遊園は、2002年3月31日限りで閉園となった。それから18年も経ってしまったが、駅名は向ヶ丘遊園のままであり、変更する予定もない。

中間の小駅ではなく、急行停車駅でもあり、向ヶ丘遊園行きの電車も多数存在するので、小田急沿線のみならず東京メトロ千代田線沿線では知名度の高い駅名である。マンション名や商業施設に使われたり、「ゆうえん」という略称で呼ぶ人も少なからずいたりするので、改名するとかえって混乱するのかもしれない。

向ヶ丘遊園駅の北口駅舎は、ギャンブレル屋根という歴史的価値のある名建築で、一見の価値がある。乗降客の多いのは南口で、バスターミナルがある。かつては向ヶ丘遊園へ向かうモノレールが発着していたが、もはや何の痕跡もない。

このバスターミナルからバスに乗ると生田緑地に行くことができる。エリア内には、日本民家園、岡本太郎美術館、向ヶ丘遊園から引き継いだばら苑、蒸気機関車D51と旧型客車の静態保存もある。また、藤子・F・不二雄ミュージアムもでき、遊園はなくなったけれど、レジャーや文化施設は充実している。ちなみに、向ヶ丘遊園駅の発車メロディーには『ドラえもんのうた』など藤子・F・不二雄アニメのメロディーが使われている。いっそ、藤子・F・不二雄ミュージアム駅に改名してはどうだろうか？（笑）

2 行川《なめがわ》アイランド駅（JR東日本　外房線／千葉県勝浦市）

フラミンゴショーやクジャクの飛行ショーで有名だった房総のレジャー施設行川アイランドは2001年8月31日に閉園した。国鉄時代からレジャー施設名、しかもカタカナを使った駅名として珍しい存在だったが、閉園後も行川アイランドを名乗り続けている。

行川アイランドの跡地は再利用されず閉鎖されたままで、周囲に人家もほとんどないので、秘境駅の様相を呈している。閉園後は、さすがに特急列車は通過となったが、勝浦から安房鴨川まで普通列車に変身する「わかしお」の特急型車両が、ほとんど利用者がいないにもかかわらず1日2本律儀に停車し続けていて、ある意味奇妙な光景である。

かつては宝塚と並ぶほどだった

3 花月園前駅《かげつえんまえ》⇓花月総持寺駅（京急本線／横浜市鶴見区）

2020年3月14日に京急電鉄は6つの駅名を改称した。そのひとつが花月園前駅で、新しい駅名は花月総持寺である。

この駅近くには、かつて花月園という遊園地があった。第二次大戦直後の1946年に閉園となっているので、そこで遊んだことのある人はかなりの高齢者であろう。文献によると、花月園少女歌劇団があり、「西の宝塚、東の花月園」というくらいの存在だったそうだ。遊園地としての花月園は70年以上も昔のことであるが、その後、跡地には花月園競輪場ができたので、花月園というのは競輪場のことだと思っていた人も多かったであろう。

しかし、その競輪場も経営不振などの事情から2010年に廃止となり、それ以後、花月園を名乗る施設はなくなった。競輪場跡地については、再開発を行うため造成工事中だが、新しい施設ができるのは数年後のことらしい。そこで、駅から徒歩10分の場所にあり、曹洞宗大本山として全国に知られている「總持寺《そうじじ》」を駅名に入れ、地域活性化につなげようと改名に至ったとのことである。

4 鶴見市場駅（京急本線／横浜市鶴見区）

花月園前駅（2020年3月14日からは花月総持寺駅）から品川方面へ各駅停車で2駅行ったところが鶴見市場駅である。築地市場のように市場があるのかと錯覚しそうだが、そのような施設は一切ない。江戸時代に、このあたりまで海岸線が迫っていて、漁師が市を定期的に開いていたので、それが地名になったのだ。市場という地名が駅周辺のあちこちで見られるが、地元以外では、毎年正月に行われる箱根駅伝の鶴見中継所が至近距離にあるので、駅伝で有名な場所といったほうが分かりやすいかもしれない。

5　大森海岸駅（京急本線／東京都品川区）

近くに京浜運河はあるものの、埋め立てが進んで、東京湾は、駅からは影も形も見えない。八幡駅、海岸駅を経て、1933年に大森海岸駅と改称された頃は海岸沿いの駅だったと想像はできるものの、80年以上経って景観はすっかり変わってしまい、マンションばかりが目につく。しながわ水族館が徒歩圏内にあるので、少しは海のにおいがするけれど、この駅を通るたびに、どこが海岸なの？　と不思議に思ってしまう駅名である。

6　青物横丁《あおものよこちょう》駅（京急本線／東京都品川区）

この駅も風変わりな駅名の多い京急線の中で異彩を放っているもののひとつだ。すっかり地名と化してしまったので、変な駅名くらいにしか思わないけれど、江戸時代に野菜や山菜といった青物を持ち寄って市を開いたことに由来する。昭和初期の頃は、八百屋が立ち並んでいたことから青物横丁と呼ばれるようになり、それが駅名として今に続くのである。旧東海道が近くを通り、寺社をはじめ古びた町並みが独特の雰囲気を形成している。

駅名に残る鳥居の存在

7 大鳥居駅（京急空港線／東京都大田区）

京急蒲田から分岐して羽田空港へ至る、支線とはいえ京急の稼ぎ頭となっている路線の2つ目の駅。環八と産業道路が交差する交通量の多い交差点に接する駅のため地下化されている。ところで、地上に出てみても駅名の大鳥居は見当たらない。

かつては、穴守《あなもり》稲荷に至る参道の大鳥居があったため大鳥居駅となったのだが、鳥居は撤去されて今はない。穴守稲荷の大鳥居といえば羽田空港内に存置されたままだった赤い鳥居が有名で、撤去しようとするたびに事故や事件が起きたためそのままにされ、その後お祓《はら》いなどをしたうえで移転して決着がついたというエピソードがある。

私事だが、この駅近くにかつての職場があり、数年間通ったので思い出が詰まった駅である。

8 一本松駅（東武越生《おごせ》線／埼玉県鶴ヶ島市）

東武東上線の坂戸駅から分岐する越生線。坂戸駅を出て最初の駅が一本松駅である。似たような名前の駅は他にもありそうだが、この一本松駅は所在地が一本松だからではない。鶴ヶ島市内には一本松という地名は存在しないのである。

では、なぜ一本松かというと、駅から少し歩いたところに一本松交差点があり、そこには立派な一本の松が立っていたという。江戸時代、大名行列が行き来していた頃、旅人は、この松があまりにも見事だったので誰もが振り返り通り過ぎたとの言い伝えがある。それで「みかえりの松」と言われるようになり、やがて一本松と呼ばれるようになったので、それにちなんで一本松という駅名が付いたそうである。残念ながら松は現存せず、駅名だけが残ったのだ。

9 高根公団駅（新京成電鉄／千葉県船橋市）

冒頭で紹介した東武線の松原団地駅と似たような由来の駅名だ。1961年、当時の日本住宅公団が造成した高根台団地の最寄り駅として誕生し、多くの通勤通学客が利用した。しかし、誕生から半世紀以上が経ち、建物の老朽化が進み、建て替えが行われる一方、住宅公団は組織替えにより独立行政法人都市再生機構（略称ＵＲ都市機構）となり、公団住宅という用語は死語となった。にもかかわらず、駅名は高根公団のまま存続している。

10 市場前駅（ゆりかもめ／東京都江東区）、築地市場駅（都営地下鉄大江戸線／東京都中央区）

2017年5月の執筆時には以下のように書いていた。

これまでは、過去に存在した施設にちなんだ駅名を紹介してきたが、最後に、これらとは逆にこれからできるであろう施設を先取りして設置された駅をひとつだけ取り上げよう。

2006年の開業時には周囲には何もなく利用者も限りなくゼロに近かった駅。それが、ゆりかもめの市場前駅だ。市場とは、移転問題で揺れに揺れた豊洲市場のことで、移転を当て込んで駅だけが先行して開業したのだ。（P135も参照）

そして――。

2018年10月に豊洲市場がオープンし、市場前駅は、ようやく活況を呈するようになった。一方、大江戸線築地市場駅は実態にそぐわない駅名となったようである。しかし、商店街としての築地場外市場は健在であるため、改名する予定はないと東京都交通局は新聞の取材で公言している。

以上見てきたように、駅名というのは、地域の名称としても定着していく場合が多い。したがって、移転するかもしれない施設を駅名にすると後々困ったことにもなりかねない。駅を新設する際には、じっくりと検討のうえ、慎重に決めてもらいたいものである。

Part 4

無粋だったり地味だったり……で残念な列車・路線

残念10

景色に背を向けるシート、混むのに短編成……

旅人はできれば避けたい？「残念な車両」10

【電車編】

1　ＪＲ東日本　７０１系電車

2　静岡付近の東海道本線ローカル電車

3　信州地区の２１１系電車

4　ＪＲ東日本　日光線の２０５系電車

5　ＪＲ東日本　青梅線　青梅以遠のＥ２３３系電車

6　ＪＲ西日本　１０５系電車

7　ＪＲ北海道　７３３系電車

【ディーゼルカー編】

ＪＲ東日本の７０１系電車

8　ＪＲ西日本　キハ１２０形ディーゼルカー
9　ＪＲ四国　キハ32形ディーゼルカー
10　ＪＲ東海　キハ25形ディーゼルカー2次車以降

全国各地を鉄道旅行していると、がっかりするような車両に出くわすことがある。都会の純然たる通勤通学路線ならいざ知らず、風光明媚な路線で無粋なオールロングシートの車両に乗らなければならないと分かると鉄道会社を恨みたくもなる。地域によっては、都市圏であっても普通列車に転換クロスシートの新型車両を走らせているところもあるので、その差は何だろうかと考えてしまう。

そこで、あくまで「乗り鉄」、旅行者の立場から、そうした乗りたくない残念な車両をピックアップしてみた。もちろん、通勤通学に重宝している車両であることは十分に知っての私感である。

【電車編】

1 JR東日本 701系電車

東北地方の電化区間（奥羽本線、羽越本線の山形県・酒田以北、東北本線のかなりの区間、常磐線の仙台直通列車、田沢湖線など）で遭遇する確率が高い車両である。短編成でオールロングシート、乗り心地も良くなく、見るからに安普請な造りは、鉄道ファンのみならず、利用者によっても評判が必ずしも良くない。取り柄はスピードで、かつて走っていた客車列車に比べると、相当な時間短縮にはなっている。

奥羽本線（山形県・新庄―秋田県・大曲）用、標準軌の田沢湖線には申し訳のようにボックス席が千鳥格子状にロングシートとともに配置されているが、そこに座れても通路の反対側のロングシートに座っている乗客の視線を感じると落ち着かず中途半端な感じである。

酒田以北の特急「いなほ」、秋田―青森間の特急「つがる」は、ともに1日3往復しかない。青春18きっぷ愛用者でなくても、時間帯によっては、長距離移動でこの701系に乗らざるをえないのが悲しいところだ。

ところで、東北最大の都市である仙台近郊区間は、ラッシュ時の混雑が激しいと思われるが、意外にもセミクロスシートのE721系が増えてきている。あまりにひどい車両を投入すると、利用者がこぞってバスやマイカーに逃げてしまうと反省したのだろうか？　この車両が好きな鉄道ファンもかなりいるようだが、個人的には、乗りたくない車両ナンバーワンである。

2 静岡付近の東海道本線ローカル電車

首都圏から東海道本線で熱海に到着すると、それまでのグリーン車付き長編成の列車と比べるとあまりにも短い編成の電車に、これが同名の東海道本線だろうかと驚く。それにもかかわらず、乗客が激減することはなく、季節や曜日、時間帯によっては席にありつけないこともある。

編成は3両から6両まで幅があるが、3両編成のときが閑散時とは限らない。ほとんどの車両がロングシートであり、満員になると車窓など全く見えないので単なる移動で終わってしまう。トイレのない編成もあり、長距離移動には向かない。

富士―静岡間で身延線直通の特急「ワイドビューふじかわ」が乗り入れるのと、ラッシュ時にホームライナーが走る以外は、各駅停車のみである。急ぎたいなら新幹線を利用せよと言いたいのだろうが、清水、島田、菊川など新幹線停車駅ではない都市へ行きたいときに、この手の車両にかなりの時間乗るのは苦痛である。ホームライナー並みの停車駅の速達列車を有料でかまわないから終日運転できないものだろうか？　同じJR東海でも、豊橋（愛知県）―名古屋―大垣（岐阜県）間は、新快速など速達列車も走り、大都市圏にもかかわらず転換クロスシートが主体である。静岡地区の冷遇ぶりは残念この上ない。

信州の山並みに背を向けて……

3　信州地区の211系電車

中央本線、篠ノ井線、大糸線などで幅を利かせるようになった電車。老朽化した115系の代わりとして、関東地区で働いていた車両が、E231系、E233系の増備で玉突きのように追い出されて信州へやってきたものである。セミクロスシート車もあるけれど、オールロングシート車も多く、運が悪いとロングシートで延々と旅を続けることになる。山の車窓が魅力的なエリアだけに何とかならないのかと思う。

特急列車が多く、小まめに停まる列車もあるので、工夫すればロングシートに乗る区間を最低限に抑えられるとはいえ、マイナーな駅を利用するときは苦行を強いられそうだ。

4　JR東日本　日光線の205系電車

国際的な観光地日光へは、東武鉄道の特急利用が一般的になってしまった。JRの新宿駅や池袋駅からも東武日光へ直通する特急が走っている状況で、JR日光線は東武との競争をほぼあきらめ、ローカル輸送に徹しているかのようだ。それゆえ、首都圏で不要になった通勤電車205系を投入しているのも、ある程度は理解できる。

しかし、ジャパン・レール・パスを愛用する海外からの旅行者は、料金別払いとなる東武を利用しないで、宇都宮まで東北新幹線を使い、JR日光線を利用する人が意外に多い。したがって、車内は地元の人と外国人旅行者という不思議な組み合わせになる。そんな旅行者を、205系に乗車させるのはちょっと気の毒だ。車窓が良いだけに、もう少しましな車両を投入できないものかと思う。下手をすると、日本の鉄道旅行の印象が悪くなるおそれさえある。

そう思っていたら、JR東日本は、日光線に205系を改造した観光電車「いろは」を2018年春から定期列車として走らせるようになった。その気になれば何でもできるのだから、経営合理性ばかりではなく、もう少し旅行者のことも考慮したほうがよいと思う。ともあれ、これは朗報である。

奥多摩の絶景区間は中央線と同型

5 JR東日本　青梅線　青梅以遠のE233系電車

東京都の絶景区間として知られる青梅線の青梅—奥多摩間は、週末にもなると行楽客で混雑する。同じ青梅線でも立川—青梅間は、沿線人口も多く、中央線に直通する青梅特快や快速電車が10両編成で運転されていて、性格を異にする。

かつては、青梅—奥多摩間専用の展望電車「四季彩」が特別料金不要の定期列車として走っていた。201系を改造した車両で、多摩川を向いた展望席など好評だったのに、車両の老朽化ということで廃止にしてしまった。この区間に純然たる通勤型車両のE233系はまったく似合わない。

日光線では205系を改造した観光用電車を走らせるようになったので、青梅線でも「四季彩」タイプの電車の復活を望みたい。せっかくの観光地なので、もう少し色気を出してもいいのではないだろうか？

6　JR西日本　105系電車

地方のローカルな電化路線用に造られた105系電車は、可部線（広島県）、福塩線（同）、宇部線（山口県）あたりで走っている分には違和感がなかったが、何を血迷ったか紀勢本線の紀伊田辺—新宮間（和歌山県）でも走らせている。これでは何も知らずに乗るはめになった旅行客が気の毒である。

もともと105系が走っていた可部線は、新型車両227系0番台（通称「レッドウィング」）に統一・グレードアップされ、しかも転換クロスシート！　呉線も広島寄りの区間は、転換クロスシートのレッドウィングが幅を利かせている。同じ呉線でも、瀬戸内海の車窓がすばらしい広—三原は105系の運行で観光客には不評だったが、2019年3月のダイヤ改正で晴れて227系に置き換わった。

JR西日本の電化区間は、転換クロスシートの車両が多く、旅人にはおおむね好評なのに、車両運用の都合か、時として悲惨な車両の走る区間が残っているのが残念だ。

「乗り鉄」は車両についての運用状況をしっかり調べてから利用するのが望ましい。

なお、和歌山線、桜井線（奈良県）、紀勢本線の105系は老朽化のため2019年に227系1000番台に置き換えられた。しかし、広島地区の227系0番台と異なりオールロングシートであり、がっかりだ。

長旅の疲れを増幅する「ライナー」

7 JR北海道 733系電車

新型車両でオールロングシート。ただし、新千歳空港駅へ乗り入れる快速エアポート用のuシート（指定席）のみクロスシートである。

問題は、北海道新幹線アクセス列車「はこだてライナー」だ。10両編成の「はやぶさ」が新函館北斗駅に到着して、待ちうけているのが3両編成だったときのショックは大きい。「はやぶさ」の乗客すべてが「はこだてライナー」に乗るとは限らないからといって、あまりの小さなキャパシティには愕然としてしまう。何とか乗れればばいいという問題ではない。

ゆったり新幹線に乗ってきて旅の疲れが出てきた乗客を、最後に満員電車に乗せるとは、どういう神経なのだろうか？ 20分くらい立ったままでも我慢しろというのだろうか？ 利用者は若者ばかりではないのだ。いや、若者は飛行機利用が主流であり、新幹線利用で函館へ行こうとするのは少しの時間でも座りたい母子や高齢者が多いのだ。「はこだてライナー」は、すべて6両編成にしてもらいたい。

【ディーゼルカー編】

8 JR西日本 キハ120形ディーゼルカー

中国地方の非電化ローカル線を中心に関西本線の亀山（三重県）―加茂（京都府）、越美北線（福井県）、大糸線（糸魚川〔新潟県〕―南小谷〔長野県〕）で使われる小ぶりのディーゼルカー。単行（1両のみ）で使われることが多い。車内はオールロングシートあるいはロングシート主体でボックス席が4つのみという2種類がある。

閑散とした線区ではガラガラのこともあるが、列車本数が極端に少ない区間では、それなりの利用者もあるため途中駅からボックス席に座れる確率は高いとはいえない。

2018年3月末限りで廃止となった三江線もこの車両が使われていて、廃止間際は大変な混雑だった。できれば乗りたくない車両だが、選択肢がないので我慢するほかない。

長距離だけどトイレがない！

9 ＪＲ四国　キハ32形ディーゼルカー

ＪＲ西日本のキハ１２０形と似たような感じの車両で、こちらはオールロングシート（0系新幹線を模した「鉄道ホビートレイン」だけはわずかにクロスシートがある）。この車両の最大の欠陥はトイレがないことだろう。予土《よど》線の列車は窪川（高知県）―宇和島（愛媛県）間を通しで乗ると2時間以上かかる。列車本数も少ないので、尿意を催したときの急な途中下車は無理である。体調を整えて乗るしかない。幸いホビートレインの場合は、列車によっては江川崎《えかわさき》駅でトイレ休憩ともなる長時間停車があるのが救いである。とはいえ、長時間停車する駅がない列車もあるのでトイレくらいは改造して設置してほしいものだ。（Ｐ３１８参照）

10 ＪＲ東海　キハ25形ディーゼルカー2次車以降

静岡あたりでよく見かける313系電車にそっくりのディーゼルカー。車内は電車同様オールロングシートが幅を利かせている。セミクロスシート車もあるけれど、どちらに当たるかは運次第。高山本線や紀勢本線の山間部を走行する長距離普通列車でオールロングシート車に遭遇するのは不運以外の何物でもない。どちらも特急列車が走っているので、長距離移動は特急利用が無難である。

以上、都市部以外での普通列車で、できれば乗りたくない車両を列挙してみた。東北地方では非電化区間のディーゼルカーはセミクロスシート車が多く、電化区間はロングシート主体なのに、中国地方では電化区間は一部を除いてクロスシートであり、ディーゼルカーはロングシート主体と逆なのが興味深い。車内のグレードは線区によりの相当のばらつきがあるので、普通列車を使った鉄道旅行でがっかりしないためには、事前の調査が欠かせない。

究極の「秘境駅」は列車で行くのも至難の業

普通列車も通過……本数少ない「残念な駅」10

ざんねん10

1　新十津川駅ほか4駅（JR北海道　札沼線／北海道新十津川町）
2　生野駅（JR北海道　石北本線／北海道遠軽町）
3　宗太郎駅ほか4駅（JR九州　日豊本線／大分県、宮崎県）
4　区界駅、松草駅、平津戸駅（JR東日本　山田線／岩手県宮古市）
5　北秩父別駅（JR北海道　留萌本線／北海道秩父別町）
6　小幌駅（JR北海道　室蘭本線／北海道豊浦町）
7　南斜里駅（JR北海道　釧網本線／北海道斜里町）
8　女鹿駅（JR東日本　羽越本線／山形県遊佐町）
9　長門本山駅、浜河内駅（JR西日本　小野田線／山口県山陽小野田市）
10　備後八幡駅、内名駅、小奴可駅、道後山駅（JR西日本　芸備線／広島県庄原市）
番外　JR西日本　木次線（島根県松江市～広島県庄原市）、和田岬線（兵庫県神戸市）

2020年5月7日付で廃止となった札沼線新十津川駅

駅というのは、ローカル線においても、ある程度の本数の列車が発着してこそ利用価値がある。極端に発着本数が少ないと、乗車したくても列車到着まで何時間も待たなくてはならず、結局他の交通機関に頼らざるをえなくなる。そこで、そうした極端に発着本数の少ない駅を取り上げ、周りの様子などを見てみた。

2020年春に廃止となった1日1往復のみの〝究極〟の駅

1　新十津川駅ほか4駅（JR北海道　札沼線／北海道新十津川町）

1日1往復の列車が発着するのみという〝究極〟の列車本数しかない残念な駅があった。札沼線は、札幌市内のいわゆる近郊区間は、新興住宅街や大学が点在する利用者の多い区間で、2012年には北海道医療大学駅までが交流電化された。列車本数も、札幌からあいの里公園駅までは昼間でも1時間に3本、朝夕は4本設定されていて、学園都市線という愛称にふさわしい。（P143・149も参照）

しかし、石狩当別駅から先の区間では列車本数が激減し、石狩月形駅までは1日に下り8本、上り7本、石狩月形駅―浦臼駅は上下6本ずつとなり、最後の浦臼駅―新十津川駅間は、上下1本という最低限の列車しか走っていなかった。

しかも、下り列車が新十津川駅に到着した32分後には上り列車が発車していくので、新十津川駅周辺に所用で列車に乗っても滞在時間は30分ほどしかない。もはや、日常の鉄道利用者のために列車が走っているとは考えられない状況だった。

もっとも、地図をよく見ればわかるように、新十津川駅から浦臼駅にかけては、石狩川の対岸に函館本線が走っている。新十津川駅のすぐ近くの町役場前からJR滝川駅まではバスで15分ほど、1時間に1本は走り利便性は悪くない。札幌へ行くのならば、滝川駅まで出れば特急も最低1時間に1本は停車するので、札沼線を利用するまでもない。

浦臼駅からも対岸の奈井江駅へはバスで20分ほど。このような状況を考慮すると、札沼線末端部は人の流れに合っていないことがわかる。結局、北海道医療大学駅―新十津川駅は、残念ではあるが2020年5月7日付けで廃止となってしまった。

2 生野駅（JR北海道　石北本線／北海道遠軽町）

上下列車どちらかが1日1本、その反対方向へ行く列車は2本という駅は複数ある。

特急「オホーツク」が停車する遠軽《えんがる》駅から網走方面へ向かって2つ目の駅。山間部の平地に静かにたたずむ小駅で板張りのホームがあるだけ。ベンチも待合室もない。利用者は1日平均0.6人というから恐ろしい数字だ。1日4往復の特急列車は、もちろん通過。それどころか普通列車の中にも生野駅を通過する列車が何本もあり、その結果、停車する上り列車は朝7時42分発の遠軽行きのみ、下りは、13時15分発の網走行き、16時20分生田原行きの2本だけである。列車を使って訪問するのが極めて困難な駅のひとつであろう。石北本線自体は、しばらく安泰かと思われるけれど、生野駅が廃止となる可能性は高い。

特急が走る幹線だが降りられない

3　宗太郎駅ほか4駅（JR九州　日豊本線／大分県、宮崎県）

特急列車が1時間に1本走る幹線の日豊本線にも、とんでもない区間が存在していた。佐伯駅（大分県）と延岡駅（宮崎県）の間の県境の山間部にある宗太郎駅（大分県）、市棚駅（宮崎県）、北川駅（同）、日向長井駅（同）、北延岡駅（同）という5つの駅は、延岡行きは早朝の列車が始発で終電、上りは佐伯行きが早朝と夜間に1本ずつ2本あるのみだ。つまり、この区間を走る普通列車が一日に上下合わせて3本しかないのである。

少し前までは、1日3往復のほか、延岡―市棚間に朝1往復の区間列車が運転されていたのだが、2018年3月のダイヤ改正で大幅削減となってしまった。利用者が少ないのであろう。その引き換えというべきか、現存する3本の列車の一部は787系特急電車が普通列車として使用される。グレードアップなのだが、実情はわずかな普通列車のために専用車両を配置するのは無駄であるという合理性のためと思われる。

次は、上下列車どちらかが1日2本、反対方向の列車は3本以上ある駅を取り上げる。

4 区界《くざかい》駅、松草駅、平津戸《ひらつと》駅（JR東日本　山田線／岩手県宮古市）

人口希薄な山岳地帯を走る山田線の盛岡―宮古間は、大正時代に首相だった岩手出身の原敬が建設を推進したといわれる。「山猿でも乗せるつもりか」と反対派に揶揄されたという逸話が残るくらいの過疎地ゆえ、宮古行き2本、盛岡行き3本の駅があっても不思議ではなかろう。

山田線の名誉のために付け加えると、盛岡—上米内《かみよない》間、宮古—陸中川井間は区間列車と快速「リアス」があるので列車本数はもう少し多い。山間部にある区界駅、松草と平津戸の3駅が上下で5本という少なさなのだ。

5 北秩父別《きたちっぷべつ》駅（JR北海道 留萌本線／北海道秩父別町）

僅かな農家が点在するだけの田園地帯にあり、利用客が極めて少ない。留萌本線は普通列車のみの運行であるが、その普通列車の中に、北秩父別駅を通過する列車が、下り6本、上り5本もある。したがって、停車する列車は下り2本、上り4本という状況で、留萌本線では唯一ランクインした。留萌本線は、留萌—増毛間廃止後、残りの区間も利用状況が振るわず、廃止が提案されている状況だ。

"列車で行くのが難しい"駅

6 小幌《こぼろ》駅（JR北海道 室蘭本線／北海道豊浦町）

究極の「秘境駅」として有名な小幌駅は、秘境駅にふさわしく列車で行くことさえ困難な状況である。普通列車でも通過する列車がある現状では、室蘭方面2本、長万部行き4本という少なさで、東室蘭発13時54分の列車で15時14分に小幌駅に降り立ち、15時42分発の列車で戻るのが、いちばん簡便な方法であろう。特急列車がトンネルから猛スピードで飛び出してくるので、ホームに滞在する人は十分注意したい。

7 南斜里駅《みなみしゃり》（JR北海道　釧網本線／北海道斜里町）

釧網本線の中で停車する列車がいちばん少ない駅で、網走方面が1日2本、釧路方面が4本である。田園地帯の真ん中にポツンとたたずむ小さな駅で利用者は少ない。北秩父別駅と似たような雰囲気である。残念ながら、2021年3月末で廃止の予定であると報道された。

8 女鹿駅《めが》（JR東日本　羽越本線／山形県遊佐町）

日本海縦貫線の一部である羽越本線は、新潟方面から酒田までは特急列車が7往復あるものの、酒田—秋田間は人の流動が少なく3往復に減ってしまう。普通列車も、時間帯によっては3時間ほど間隔が空くこともあり、北海道方面と西日本を結ぶ貨物列車が走っていなければ完全なローカル線であろう。

中には、普通列車さえ通過してしまう残念な駅がいくつかあり、列車本数で酒田方面が2本しか停車しないのが、秋田県との県境に近い女鹿駅（山形県）である。集落はやや離れたところにあるためか、通学の高校生以外の利用者は極めて少ない。北海道や非電化のローカル線ばかりにとらわれていると見過ごしてしまう駅である。

中国地方にもある本数が少ない駅

9 長門本山駅、浜河内《はまごうち》駅（JR西日本　小野田線／山口県山陽小野田市）

小野田線（山口県）の支線である雀田《すずめだ》―長門本山間は、JR最後の旧型国電が走った路線として有名だった。もともと列車本数は少なかったが、年々本数を減らして、今では朝夕に上下3往復するのみである。過疎地ではなく、周囲は住宅地で学生を中心に利用者はそこそこいるので当分安泰かと思われる。（P189も参照）
1日に上下3往復しか停まらない駅は、宗谷本線（北海道）の音威子府《おといねっぷ》以北の普通列車しか停車しない駅など全国にいくつかある。その中で、本項では中国地方の山間部にある駅を挙げておこう。

10 備後八幡駅、内名駅、小奴可《おぬか》駅、道後山駅（ＪＲ西日本 芸備線／広島県庄原市）

岡山県から広島県に入ったところにある東城駅と備後落合駅の間にある4駅間は季節運転を除くと上下3往復の列車しか運行されていない。この区間は廃止になった三《さん》江《こう》線よりも乗車人員が少ないとして話題となったことがある。2018年7月の西日本豪雨により不通となっていたが、2018年9月3日に運転が再開されたので、一安心だ。

番外 ＪＲ西日本 木次《きすき》線（島根県松江市～広島県庄原市）、和田岬線（兵庫県神戸市）

備後落合と山陰本線の宍道《しんじ》（島根県）を結ぶ木次線も、備後落合と出雲横田の間は普通列車が1日3往復しか走らない。もっとも、この区間は観光列車「奥出雲おろち号」が各駅に停車するので、運転日には4往復となる。本数は少ないけれど、3段スイッチバックや延命水で有名な出雲坂根駅など「おろち号」運転日にはにぎわう。2

018年の豪雨で不通となったが8月8日には運転が再開され、活気を取り戻した。うれしい話である。

このほか、神戸市内を走る山陽本線の支線である通称「和田岬線」は、朝夕の通勤客輸送に特化した路線であり、平日は17往復あるものの、休日はわずか2往復となってしまう。特異な存在なので、番外として挙げておきたい。

数㎞とかなり短いが、頑張ってほしい区間

盲腸線といわれて残念な「超ミニ支線」10

ざんねん10

1　ＪＲ西日本　小野田線長門本山支線（雀田―長門本山、2.3㎞、5分）
2　ＪＲ西日本　山陰本線仙崎支線（長門市―仙崎、2.2㎞、4分）
3　ＪＲ西日本　山陽本線和田岬線（兵庫―和田岬、2.7㎞、4分）
4　ＪＲ西日本　阪和線鳳支線（鳳―東羽衣、1.7㎞、3分）
5　ＪＲ東海　東海道本線美濃赤坂支線（南荒尾信号場―美濃赤坂、1.9㎞、大垣から7分）
6　ＪＲ東日本　鶴見線海芝浦支線（浅野―海芝浦、1.7㎞、4分）
7　ＪＲ東日本　鶴見線大川支線（武蔵白石―大川、1.0㎞、安善駅から大川まで4分）
8　ＪＲ東日本　弥彦線（吉田―弥彦、4.9㎞、9分）
9　ＪＲ東日本　東北本線利府支線（岩切―利府、4.2㎞、6分）
10　ＪＲ北海道　室蘭本線（東室蘭―室蘭、7㎞、14分）

ＪＲ小野田線長門本山駅

あってもなくてもよいので、「どうせなら切ってしまえ」などと乱暴な意見もある盲腸になぞらえて「盲腸線」と呼ばれる行き止まりの短い鉄道路線。どの程度の距離の行きどまりの支線を盲腸線というのかには諸説あるけれど、ここでは数kmとかなり距離が短く、一見するとあまり景気が良さそうには見えない路線をピックアップしてみた。

1日3往復しか走らない

1　JR西日本　小野田線長門本山支線（山口県・雀田―長門本山、2.3km、5分）

小野田線の本線にある雀田駅から分岐する運転本数の少ない支線。終点長門本山駅の周囲は住宅地となっていて、決して人跡未踏の何もない土地ではない。にもかかわらず、この駅に発着する列車は朝2往復、夕方1往復の1日3往復のみ。それでいて電化されているのだから驚く。昔から朝夕中心のダイヤだったとはいえ、昼間にも僅かながら列車が発着し、1日に10往復以上運転されていた。年を追うにつれて本数が減り、ついに現在のような究極の運転本数となってしまった。

それでも、利用者は少なからずいるので、地元にとっては必要な路線であろう。ただし、小野田線と宇部線をＢＲＴ（バス高速輸送システム）化しようとの動きもあり、最近になって将来が安泰とは言えなくなっている。（Ｐ１８５も参照）

２　ＪＲ西日本　山陰本線仙崎支線（山口県・長門市―仙崎、2.2㎞、４分）

長大な山陰本線の長門市から分岐し、港町仙崎に至る支線。童謡詩人金子みすゞの記念館は仙崎駅から徒歩圏内だ。観光列車「みすゞ潮彩」が走っていたころは、仙崎が列車の終点であったが、同列車が「○○のはなし」にリニューアルされてからは、復路のみ長門市駅から支線に乗り入れ仙崎―長門市間を往復するようになった。

普段は閑散とした路線であるが、観光列車が走るときだけはにぎわう。

都会にあるミニ盲腸線

３　ＪＲ西日本　山陽本線和田岬線（兵庫県・兵庫―和田岬、2.7㎞、４分）

山陽本線の兵庫駅から分岐する工場地帯への通勤客輸送に特化した路線で、平日は朝7往復、夕方から夜間にかけて10往復。土曜は朝6往復、夕方から夜間にかけて6往復、休日は朝1往復、夕方1往復と激減する。終点和田岬駅には地下鉄も乗り入れているので、鉄道ネットワークとして考えると盲腸線とはいえないかもしれない。

4　ＪＲ西日本　阪和線　鳳《おおとり》支線（大阪府・鳳—東羽衣、1.7㎞、3分）

阪和線の鳳駅から分岐する鳳支線は、早朝と深夜を除けば15分ごとの運転であるので、淋しさを感じないミニ路線だ。しかも終点東羽衣駅の近くに南海本線の羽衣駅もあり、乗り換えの利便性も良いので、この路線も盲腸線と呼べるかどうか微妙である。

5　ＪＲ東海　東海道本線美濃赤坂支線（岐阜県・南荒尾信号場—美濃赤坂、1.9㎞、大垣から7分）

この支線を走る列車は、現在では大垣駅と美濃赤坂駅を往復するのみである。大垣駅から南荒尾信号場までの3.1㎞は東海道本線を走り、信号場で分岐するとすぐに荒尾駅に停車、その後3分ほど走って終点の美濃赤坂駅に到着する。

元々は周辺で産出される石灰石などの輸送のために敷かれた路線で、美濃赤坂駅で接続する西濃鉄道に直通する貨物列車が運転されているため、構内は広い。

6 JR東日本　鶴見線海芝浦支線（神奈川県・浅野―海芝浦、1.7㎞、4分）

線路としては浅野駅の手前で分岐し、海芝浦方面への専用ホームに停車して、終点海芝浦に向かう。東芝の工場に行くための駅であり、今では一般客用に駅隣接の公園が設けられている。鉄道ファンには人気の支線だが、昼間は2時間に1本と本数が激減するので注意が必要だ。公園から見える運河と工場夜景が人気で知る人ぞ知るデートスポットである。（P341も参照）

7 JR東日本　鶴見線大川支線（神奈川県・武蔵白石―大川、1.0㎞、安善駅から大川まで4分）

平日は朝4往復、夕方から夜間にかけて4往復、土休日は朝2往復、夕方1往復しか運転されない。3の和田岬線と同じく工場通勤者のために特化した路線である。元々は本線との分岐駅となる武蔵白石に大川支線用のホームがあったのだが、車両を17m車から20m車に置き換えるにあたって、武蔵白石駅の急カーブが支障となるため、ホームを撤去した。そのため一つ手前の安善駅を発車すると、武蔵白石駅は通過して大川駅に向かうようになったのである。

堂々とした駅舎

8　JR東日本　弥彦線（新潟県・吉田―弥彦、4.9km、9分）

彌彦神社への参詣路線として建設された弥彦線は、かつては両端が他線と連絡しない稀有な路線だった。が、1985年に東三条―越後長沢間が廃止となってからは、弥彦駅のみが行き止まりの終着駅となっている。このうち吉田―弥彦間は、本数が少なく、昼間は3時間ほど運転間隔が空くこともある閑散路線で、区間内折り返し列車がほとんどで独立した盲腸線の趣がある。弥彦駅は彌彦神社の最寄り駅ということもあって、本殿を模した寺社造りの堂々たる駅舎だ。

9　JR東日本　東北本線利府支線（宮城県・岩切―利府、4.2km、6分）

利府駅は、かつては東北本線の中間駅だったが、本線の経路変更により利府以北が廃止され、岩切―利府間が盲腸線となって存続することになった。

2021年に予定されている東京五輪のサッカー競技会場となる「ひとめぼれスタ

ジアム宮城（宮城スタジアム）」の最寄り駅で、人気アイドルグループのコンサートが開催される際には臨時列車が運行されることもある（徒歩30分、バスの便あり）。岩切駅と利府駅の間の新利府駅は新幹線総合車両センターに併設されている。岩切―利府間折り返し列車のほか、仙台方面へ直通する列車もある。仙台近郊のため通勤通学路線として機能している。

北海道のミニ盲腸線

10 ＪＲ北海道　室蘭本線（北海道・東室蘭―室蘭、7㎞、14分）

函館と札幌を結ぶ特急列車が走る本線と室蘭駅は離れているので、東室蘭駅と室蘭駅の間は盲腸線のようにはみ出している区間だ。複線電化の立派な施設を持ちながら、札幌と室蘭を結ぶ特急「すずらん」（東室蘭―室蘭間は普通列車）とその間合い運用の区間列車が電車で走る以外は、すべてディーゼルカーで運用される。

室蘭市内にもかかわらず、利用者は決して多くなく近年は低迷していて、残念な状況にある。途中の母恋《ぼこい》駅の名物駅弁は注目を集めている。

このように盲腸線と呼ばれる行き止まりの短い路線は、大都市であっても通勤に特化して昼間は閑散とした状況にあったりと一見不振を極めているようにも見えるが、必要としている人は少ないわけではない。

ある意味不思議な路線が多く、もっとスポットライトを当ててもいいのではないかとも思う。

日帰りで楽しめる私鉄や三セクの名脇役

東京近郊の目立たなくて残念な「ミニ路線」10

ざんねん10

1 東武大師線（東京都足立区）
2 東武小泉線／東小泉─西小泉（群馬県大泉町）
3 西武西武園線（東京都東村山市）
4 西武豊島線（東京都練馬区）
5 京王競馬場線（東京都府中市）
6 京王動物園線（東京都日野市）
7 東急こどもの国線（神奈川県横浜市）
8 芝山鉄道（千葉県成田市、芝山町）
9 関東鉄道竜ケ崎線（茨城県龍ケ崎市）
10 東京メトロ丸ノ内線方南町支線（東京都中野区、杉並区）

ＷＥＢ連載時、前項の「盲腸線といわれて残念な『超ミニ支線』10」は思いがけず大好評だった。同記事は全国のＪＲ線限定だったが、私鉄や第三セクターのミニ路線

芝山鉄道の芝山千代田駅

も意外に多く存在する。そこで、まずは首都圏編。長い編成の通勤電車が往来するいわゆる本線と比べて目立たないのが残念だが、日帰りで乗りに出かけたくなる個性あふれる「名脇役」たちだ。

短いがにぎわっている

1 東武大師線（東京都足立区）

浅草を起点とし、曳舟や北千住で地下鉄からの乗り入れ列車が合流する東武伊勢崎線（スカイツリーライン）。複々線の線路が荒川を越え、特急以外の優等列車（急行、区間急行、準急、区間準急）が最初に停車する西新井駅から分岐するのが大師線である。

昼間はきっちり10分ごと。西新井―大師前間を2両編成の電車が片道2分で往復している。伊勢崎線から乗り換えるときは、同じ東武線にもかかわらず、大師線の改札を通る。その後、大師前駅で降りるときは改札はなく、無人駅となっている。大師線に中間駅はないので西新井駅の大師線専用改札が大師前駅の改札代わりということだ。ミニ路線ではあるけれど、東京23区内の路線なので、利用者は少なくない。

地元の利用者だけでなく、西新井大師の最寄り駅として、弘法大師様の毎月の縁日のみならず、一年を通じて行事を中心に参詣客でにぎわっている。

大師線が開業したときは、この路線は環状七号線（道路）に並行するように都内を横断し、東上線の上板橋駅に至る長大な西板線として計画された。諸般の事情から、そのうちの僅か一区間のみが完成しただけで終わってしまった無念の路線でもある。（P35も参照）

2 東武小泉線／東小泉―西小泉（群馬県大泉町）

館林と太田を結ぶ東武伊勢崎線は足利市（栃木県）経由であるが、同じく館林と太田を結ぶ小泉線は、その名のように東小泉経由となっており、東小泉―西小泉を結ぶ支線もある。

ただし、電車の運行としては、館林―東小泉―西小泉と東小泉―太田間に分かれていて、太田に到着した電車の多くは桐生線に乗り入れて赤城まで直通する。こうした事情や歴史的経緯もあり、小泉線の本線は館林―西小泉であり、東小泉―太田は小泉線の支線扱いとなっている。

さて、館林発の小泉線の電車は、すべて各駅停車の西小泉行きである。東小泉で太田方面への線路と分岐すると、単線のまま進み、小泉町に停まり、その次が終点の西小泉となる。東小泉、小泉町、西小泉とすべて大泉町にあるにもかかわらず、駅名はすべて小泉となっているのが面白い。鉄道開業時は小泉町であり、その後大川村と合併して大泉町になったからであろうか？

大泉町には大きな工場がいくつかあり、いずれもブラジル人など外国人が働いていることから町内には異国情緒豊かなお店などが多い。したがって、終点西小泉駅には、「ブラジルを楽しもう！」といった看板が掲げられていて異彩を放っている。

かつては、利根川沿いまで仙石河岸線という貨物線が延びていた。さらには利根川を越えて廃止となった東武熊谷線とつないで熊谷駅まで乗り入れる計画もあったのだが果たせず現在の形に落ち着いている。幹線に化けたかもしれないと想像すると無念さが漂う終点の西小泉駅である。

3　西武西武園線（東京都東村山市）

かつて2つの鉄道会社が多摩湖周辺の開発を巡って競い合ったことから異常に多く

の路線が敷設され、その後西武鉄道になっても維持されることとなった。西武園線もそのひとつで、近くの西武遊園地駅を終点とする西武多摩湖線と張り合う結果となっている。おとぎ列車だった西武山口線が新交通システムとなり、多摩湖線、山口線、狭山線がつながったことから、このあたりのいわゆる「盲腸線」は西武園線だけとなっている。

西武園線は、ほとんどの電車が東村山—西武園の1駅だけを往復していて、早朝と夕方に国分寺—西武園を直通する電車が存在する。元々の構想では、武蔵村山市方面に延びるはずだったのが1駅建設だけで終わってしまったのは、東武大師線と似たような運命を感じてしまう。

遊園地へのアクセス路線

4　西武豊島線（東京都練馬区）

「としまえん」（2020年8月31日閉園）へのアクセス路線として機能している。23区内では貴重な全線単線の路線だ。池袋線の豊島園行きの始発は練馬駅発、終電の豊島園発は練馬行きと、この2本は練馬と豊島園間の所要時間僅か2分の1駅間走行だが、それ以外は、池袋から、あるいは池袋への直通電車である。

都心だけあって編成は8両と長い。豊島園駅の1面2線のホームは、余裕があるので、車両展示などのイベントが行われることがある。

5 京王競馬場線（東京都府中市）

普段は京王線の東府中駅から府中競馬正門前駅まで1㎞に満たないミニ支線。競馬が開催されない平日の閑散時には2両編成のワンマン電車が運転される。しかし、競馬開催時には臨時の本線直通電車が8両ないし10両編成で運転され、その落差は大きい。意外にも複線である。

6 京王動物園線（東京都日野市）

多摩動物公園へのアクセス路線として、京王線高幡不動から分岐する。複線用の用地は確保されているものの最近の状況からすれば複線化は、将来もほぼないと思われる。かつては新宿からの直通電車が土休日は頻繁に走っていたが、現在では朝1本急行が走るのみだ。並行して多摩都市モノレールが走るようになったこともあり、利用者は減少傾向だ。

7 東急こどもの国線（神奈川県横浜市）

横浜市青葉区と東京都町田市にまたがる自然公園「こどもの国」へのアクセス路線として田園都市線長津田から分岐するミニ支線。横浜高速鉄道が第三種鉄道事業者として施設や車両を所有し、東急が第二種鉄道事業者として運行を行う形を取っている。

2000年に通勤線化され、途中に恩田駅が設けられた。隣接して長津田車両工場がある。目下、ラッピング車両として「うしでんしゃ」と「ひつじでんしゃ」を運行している。

「日本一短い鉄道」

8 芝山鉄道（千葉県成田市、芝山町）

京成線の東成田と成田空港の反対側にある芝山千代田を結ぶ第三セクターの芝山鉄道は、日本の第一種鉄道事業者としては路線総延長が最短距離の鉄道である。「日本一短い鉄道」を売りに乗車記念証明書も配布しているほどだ。

芝山千代田からは、京成線に乗り入れ、さらに先の都営浅草線の西馬込まで直通する電車も一部設定されている。
朝夕は上野行きが走るが、昼間は40分ごとに京成成田―東成田―芝山千代田を9分で走破する。九十九里方面への延伸構想があるものの、工事は行われていない。

9 関東鉄道竜ケ崎線（茨城県龍ケ崎市）

ＪＲ常磐線の龍ケ崎市駅に隣接する佐貫駅と竜ケ崎駅を結ぶミニ路線。途中駅の入地《いれじ》で列車のすれ違いはできないので、ワンマン運転のディーゼルカー1編成が線区内を往復している。所要時間は7分。佐貫から竜ケ崎に向かうとき、ホームはすべて右側になるので、竜ケ崎方の運転台は、通常の鉄道車両とは逆に進行方向右側に配置されている。終点の竜ケ崎に小規模な車両基地がある。

地下鉄の支線

10 東京メトロ丸ノ内線方南町支線（東京都中野区、杉並区）

丸ノ内線の本線の中野坂上駅から分岐して方南町に至るミニ支線。途中には中野新橋と中野富士見町の2駅があり、中野富士見町駅近くに車両基地があるので、車両基地への入出庫を兼ねた路線でもある。終点の方南町は長らくホームが短く6両編成の電車が乗り入れできなかったので、3両編成の線内折り返し電車が主力で、中野富士見町の車両基地への出入りを兼ねた列車のみが6両編成だった。

しかし、2019年7月に方南町駅ホームの延長工事が完成したため、池袋から新宿を経由して方南町が終点となる電車が定期的に運行されるようになった。首都の地下鉄としては異色の支線は、千代田線の北綾瀬支線とともに長大編成の電車が乗り入れ可能となり、利便性向上と同時にローカル色は払拭されてしまった。(P33参照)

このほかにもミニ支線はあるけれど、とりあえず10路線のみを取り上げてみた。次項以降は、名古屋圏・東海地方&西日本のミニ路線をピックアップしてみたい。

小さな車体でコトコト走る愛らしい電車も

「派手さ」がなく残念、名古屋周辺「ミニ路線」10

ざんねん 10

1　名鉄尾西線　名鉄一宮―玉ノ井（愛知県）
2　名鉄広見線　新可児―御嵩（岐阜県）
3　名鉄築港線　大江―東名古屋港（愛知県名古屋市）
4　名鉄知多新線　富貴―内海（愛知県）
5　名鉄羽島線　江吉良―新羽島（岐阜県）
6　名鉄豊川線　国府―豊川稲荷（愛知県）
7　名鉄三河線　梅坪―猿投（愛知県）
8　養老鉄道　大垣―揖斐（岐阜県）
9　近鉄鈴鹿線　伊勢若松―平田町（三重県）
10　四日市あすなろう鉄道八王子線　日永―西日野（三重県）

ミニ路線シリーズ、続いては、名古屋圏・東海地方の10路線を取り上げてみたい。

このエリアでは愛知県と岐阜県南部に数多くの路線を張り巡らせている名鉄（名古屋

全長5・6kmの名鉄尾西線

鉄道）に数多くのミニ支線が存在していた。モータリゼーションの発達によりかなりの路線が廃止に追い込まれてしまったけれど、今なお健在の路線も多いのだ。

1 名鉄尾西《びさい》線　名鉄一宮—玉ノ井（愛知県）

尾西線とは、尾張の西部を走るという意味で、南はＪＲ関西本線の弥富駅から北上し、津島、名鉄一宮を経て玉ノ井に至る30・9㎞のかなり長大な路線である。しかし、現在、全線を直通する電車はなく、弥富—津島（津島から津島線、名古屋本線経由で名鉄名古屋方面に直通する）、津島—名鉄一宮、名鉄一宮—玉ノ井の3つに分かれ、別の路線のような趣がある。

その中で、名鉄一宮—玉ノ井間は名古屋本線から分岐する中間駅3つ、全長5.6㎞の盲腸線と呼ばれても違和感のあまりないミニ路線だ。

朝をのぞいて、ほぼ30分ごとの運転。所要時間8分で、途中に電車の行き違いができる設備はない。2両編成のワンマン電車が行ったり来たりしているだけ。利用客はほとんど地元の人だ。かつては、玉ノ井から先、木曽川橋駅まで路線が延び、木曽川対岸まで橋を徒歩移動して笠松から岐阜市内まで鉄道利用という、名古屋と岐阜を結ぶ幹線の一部であった。しかし、現在の名鉄名古屋本線が1935年に開業すると名古屋―岐阜間のメインルートは名古屋本線に移り、この路線の幹線としての役割は終わったのである。

2　名鉄広見線　新可児―御嵩《みたけ》（岐阜県）

愛知県犬山市と岐阜県御嵩町を結ぶ広見線のうち犬山―新可児間は、名古屋方面からの優等列車も走り、複線で幹線に準ずる扱いである。しかし、新可児―御嵩間は新可児で進行方向が変わることもあって別の路線のような感じになってしまう。

現在、新可児をまたいで運転される直通電車はなく、新可児―御嵩間は、区間折返しの2両編成ワンマン運転である。また、名鉄ではほぼ全域でＩＣカードの利用ができるようになったが、この区間は蒲郡線と同じくＩＣカードの利用不可の例外区間だ。

御嵩駅は中山道御嶽《みたけ》宿の最寄り駅で史跡が多く、観光地として脚光をあびている。けれども、電車利用は少ないようで残念な状況だ。なお、新可児―御嵩間にある明智駅から分岐していた八百津線は、2001年に廃止された。残念な話である。

3 名鉄築港線　大江―東名古屋港（愛知県名古屋市）

名鉄常滑線の大江から分岐する1.5㎞の短い路線で途中駅はない。朝夕しか電車の運行はなく、ＪＲ鶴見線大川支線やＪＲ和田岬線と同じく工場地帯への通勤輸送に特化した路線だ。合理化のため、終点東名古屋港は無人駅で、改札は大江駅に中間改札を設けることで運賃の収受を確実にしている。途中に貨物線との平面交差があるのも特色のひとつである。

4 名鉄知多新線　富貴―内海（愛知県）

名鉄河和《こうわ》線の富貴駅（愛知県武豊町）から分岐、新線の名の通り１９７４年に部分開業した後、１９８０年に南知多町の内海まで全通している。複線にすることが可能な用地を確保しているものの、当初の予想より利用者が大幅に下回った状態が続いているので、単線のまま現在に至っている。多くの電車は名古屋方面からの直通列車で、あまり盲腸線という感じではない。

5　名鉄羽島線　江吉良《えぎら》—新羽島（岐阜県）

名古屋本線より分岐する竹鼻線の江吉良からさらに分岐し、東海道新幹線の岐阜羽島駅にアクセスするために建設され、1982年に開業した。その後、2001年に竹鼻線の江吉良—大須間が廃止されたため、羽島線は竹鼻線から分かれる盲腸線ではなくなり、路線名こそ竹鼻線・羽島線と2つあるが、実質は笠松から延びる1路線だ。

新羽島駅は新幹線の岐阜羽島駅に隣接しているものの新幹線に乗り継ぐ客は多くない。岐阜方面から東京や大阪へ向かうのなら、名古屋に出て「のぞみ」を使うほうが遥かに便利だからだ。（P24も参照）

豊川稲荷の参詣路線

6　名鉄豊川線　国府《こう》—豊川稲荷（愛知県）

豊川稲荷への参詣路線として開業。当初は路面電車タイプの車両が走っていたので、現在も軌道線の扱いだ。といっても全区間を通じ専用軌道ばかりで道路を走る区間はない。国府駅で名古屋本線に乗り入れる優等列車と線内を折り返す普通電車が運転される。豊川稲荷駅の至近距離にJR飯田線の豊川駅があり、乗り換えに不便ではない。

7 名鉄三河線　梅坪―猿投《さなげ》（愛知県）

三河線は、かつては吉良吉田―碧南―知立《ちりゅう》―猿投―西中金という65㎞ほどの長い路線であったが、２００４年に両方の末端区間である吉良吉田―碧南、猿投―西中金が廃止され、40㎞ほどの路線に短縮されてしまった。名古屋本線と接続する知立を境に海線、山線と運転系統は分かれ別の路線のようである。

山線の電車は、知立―猿投の運転であり、豊田市―梅坪では、名古屋市営地下鉄から直通する豊田線の電車が乗り入れる。したがって、梅坪―猿投は路線図で見ると盲腸線のようでもある。ただし、猿投駅には車両基地があるためか、わびしい行き止まりの終着駅の雰囲気はあまりない。廃止された当駅と西中金間の路線の一部が入れ換え用の線路として少し先まで延びているせいもあるのだろうか？　本当の意味での盲腸線だった西中金までの区間が廃止されたのは返す返すも残念だ。

8 養老鉄道　大垣―揖斐（岐阜県）

かつては近鉄の1路線だったが、経営不振のため近鉄から切り離され養老鉄道として再建を目指している。近鉄名古屋線とＪＲ関西本線が接続する桑名駅から北上し、大垣でＪＲ東海道本線と接続、大垣駅でスイッチバックし、揖斐駅まで北上し終点となる。大垣駅で運行が分離され、大垣―揖斐間は区間内折り返しで、さながら盲腸線のようである。長らく近鉄からの譲渡車ばかりだったが、２０１９年より東急電鉄７７００系が走り始めた。

三重県内のミニ路線

９　近鉄鈴鹿線　伊勢若松―平田町（三重県）

近鉄名古屋線の伊勢若松より分岐。１９２５（大正14）年の開業時は伊勢神戸《いせかんべ》（現在の鈴鹿市駅）までだったが、１９６３年に平田町まで延伸開業した。かつては、近鉄名古屋からの直通電車も運転されていて、筆者も子供の頃、近鉄名古屋駅で伊勢神戸行きという電車を見て、伊勢神戸とはどこなのか不思議に思ったことがあった。今では、ほとんどが線内折り返し電車ばかりで、平日の朝、１本だけ近鉄四日市駅からの直通急行が運転されている。

10 四日市あすなろう鉄道八王子線　日永―西日野（三重県）

もとは三重交通、その後、近鉄の路線となり、２０１５年４月からは四日市あすなろう鉄道として走っている特殊狭軌路線（線路幅７６２㎜）だ。あすなろう四日市駅を起点に内部《うつべ》に至る内部線と途中の日永駅から分岐して一駅先の西日野駅が終点の八王子線からなる。

八王子線は途中駅なしの1.3㎞のミニ支線。１９７４年に水害のため西日野―伊勢八王子間が廃止となり、現在に至る。すべての電車はあすなろう四日市駅から直通している。ナローゲージ特有の車幅が狭く、車高が高く見える一見アンバランスな車両は独特の風情がある。

このほか、豊橋鉄道市内線（東田本線）の支線（井原―運動公園前）もミニ支線といえるだろう。また、終着駅が行き止まりの路線は、長良川鉄道、樽見鉄道、三岐鉄道北勢線、三岐鉄道三岐線、近鉄湯の山線など数多くある。

沿線の生活の足として活躍中の支線が多い

距離は短いが役立つ、関西私鉄「ミニ路線」10

ざんねん10

1　阪急甲陽線　夙川―甲陽園（兵庫県）
2　阪急今津線　今津―西宮北口（兵庫県）
3　阪急伊丹線　塚口―伊丹（兵庫県）
4　阪急箕面線　石橋阪大前―箕面（大阪府）
5　阪神武庫川線　武庫川―武庫川団地前（兵庫県）
6　南海高野線　汐見橋―岸里玉出、通称「汐見橋線」（大阪府）
7　南海高師浜線　羽衣―高師浜（大阪府）
8　水間鉄道　貝塚―水間観音（大阪府）
9　近鉄信貴線　河内山本―信貴山口（大阪府）
10　京阪中之島線　中之島―天満橋（大阪府）

ミニ支線シリーズ第4弾は、関西圏の私鉄から10路線を取り上げてみたい。このエリアでは阪急、南海、近鉄といった大手私鉄の幹線ばかりではなく数多くのミニ支線

2・2km、所要時間5分の阪急甲陽線

が存在している。ほかの地域ではモータリゼーションの発達によりかなりの路線が廃止に追い込まれてしまったけれど、関西圏では、今なお健在の路線も多いのは嬉しい限りだ。

まずは、ミニ路線を数多く抱える阪急電車から見ていこう。

まずは阪急から

1 阪急甲陽線 夙川《しゅくがわ》—甲陽園（兵庫県）

阪急神戸本線の夙川駅から分岐し北に位置する甲陽園駅まで2.2㎞、所要時間5分の阪急電鉄最短のミニ路線。単線で3両編成のワンマン運転の電車が10分ごとに往復している。途中にある唯一の中間駅苦楽園口で上下列車がすれ違う。

甲山《かぶとやま》の山麓に点在する住宅を目指すように進む。桜の名所でもある夙川公園に沿って走り、苦楽園口駅の先で夙川を渡ると、最後は大きく左にカーブして甲陽園駅に到着する。沿線は阪神エリア屈指の高級住宅地であり、緑も多い。気品ある女性客も目につき、ゆったりした気分で乗車できる。甲陽園駅の駅舎は1924（大正13）年の開業時以来の古びた味わい深い建物で近畿の駅百選に選ばれている。

北と南に分断されてミニ路線に

2 阪急今津線　今津―西宮北口（兵庫県）

かつて、西宮北口駅で神戸本線と平面交差していた今津線。1984年に平面交差を解消した後は、今津北線と南線に分断された。南線は今津―西宮北口間1.6㎞を3分で結ぶ超ミニ路線となっている。途中駅は阪神国道駅のみ（阪急の駅なのに阪神を名乗るのは、阪神は電鉄名ではなく、「阪神国道」という国道2号線の別称を駅名としているからだ）。超ミニ路線にもかかわらず、西宮北口駅ホームを除いて全線複線である。

3両編成のワンマン電車が行きかっているのは、甲陽線と同じだ。今津駅は高架で、阪神本線の今津駅とは歩行者専用連絡通路で結ばれてはいるものの、高架の3階にホームがあり、阪神とは直交する位置関係にあるので、一見すると盲腸線の終着駅のような雰囲気である。

阪急にはミニ路線が多い

3 阪急伊丹線　塚口―伊丹（兵庫県）

阪急神戸本線の塚口駅から北に位置する伊丹駅まで3.1㎞、6分のミニ路線。塚口駅構内を除いて複線で、昼間は10分間隔。4両編成の電車は、平日の昼間でも結構混んでいる。終点伊丹駅は駅ビルの3階にホームがあり、短い路線ではあるけれど、ローカル色やのどかさは全くない都市型の路線で幹線に準ずるような趣がある。伊丹駅は阪神・淡路大震災で大きな被害を受け、完全に復旧するまで4年ほどかかったことは記憶に新しい。

4 阪急箕面《みのお》線　石橋阪大前―箕面（大阪府）

阪急宝塚本線の石橋阪大前駅（長らく石橋駅だったが、2019年10月に現駅名に改称された）から分岐し、箕面駅に至る4㎞、所要時間6分（途中に桜井、牧落《まきおち》の2駅あり）のミニ路線だ。沿線は住宅地なので、4両編成の電車が昼間は10分間隔で運転される通勤通学路線ではあるが、終点箕面駅から北へ延びる箕面川沿いの箕面滝道は紅葉の名所として知られ、晩秋は行楽客で賑わう。箕面駅には足湯施設もあり、観光客のおもてなしにも努めている。

平日の朝に2本だけ、箕面駅発大阪梅田駅行きの宝塚本線直通の普通電車が運行されている。阪急のミニ路線としては、ほかには京都の嵐山線もあるが、今回は名前を挙げるだけにとどめておこう。

5 阪神武庫川《むこがわ》線　武庫川―武庫川団地前（兵庫県）

かつて阪神にはいくつかのミニ路線（路面電車）が存在したのだが、ほとんど廃止された。盲腸線だった伝法線も西大阪線と改名後、大阪難波駅で近鉄とつながる阪神なんば線となり、重要な幹線級の路線に昇格した。したがって、現在、阪神電車のミニ路線は武庫川線のみである。

阪神本線の武庫川駅は、この付近で尼崎市と西宮市の境界を流れる武庫川を渡る鉄橋上にホームがある風変わりな駅だ。その本線ホームの西宮市側から階段を降りたところに直交する形で武庫川線のホームがある。武庫川線の3つの駅（東鳴尾、洲先、武庫川団地前）は無人駅であり、乗車券を購入して乗ってきた場合は、運賃不足や不正乗車の防止も兼ね、中間改札機を設けてチェックしている。

電車は2両編成のワンマン運転で、1.7㎞を5分で走破する。ラッシュ時を除くと1時間に3往復だが、平日の13時台は2往復運転するのみで、本数は多くない。武庫川の堤防脇を進むけれど、のり面の下を走るので車窓から川は見えない。

南海もミニ路線の宝庫

6 南海高野線 汐見橋―岸里玉出《きしのさとたまで》、通称「汐見橋線」（大阪府）

南海高野線の一部区間ではあるけれど、大阪市内のターミナルは難波駅なので、高野線の電車は汐見橋―岸里玉出を無視して走っている。それどころか岸里玉出駅付近の立体交差事業完成後は線路が分断されて直通運転は不可能となってしまった。現在、「汐見橋線」は、区間内折り返し列車のみが走る。しかも、始発から20時までは30分ごとの運転であり、大阪市中心部とは思えない閑散ぶりだ。複線の施設を持て余し、2両編成でも車内は閑散としていることが多い状態だ。

ところで、大阪市内を南北に結ぶ「なにわ筋線」の計画があり、「汐見橋線」は、そのルートの一部となる可能性があったため、閑散区間であっても将来性を見越して温存されてきた。しかし、2017年に公表された計画では「なにわ筋線」は新今宮駅経由となったため、汐見橋線自体の存続が危惧される状況となってしまった。

7 南海高師浜《たかしのはま》線　羽衣—高師浜（大阪府）

南海本線の羽衣駅から分岐する1.5㎞の単線ミニ支線で途中駅は伽羅橋《きゃらばし》駅のみ。所要時間は3分で1時間に3往復、ラッシュ時は4往復する。終点高師浜駅は高架駅であるが、地上に降りたところに1919（大正8）年開業の洋風駅舎が残っている。出入口の上方にステンドグラスがあって気品ある雰囲気だ。

半世紀以上前に大阪市内在住の叔父に連れられて海水浴で訪れたことがあるが、当時は駅前が砂浜だった。いつしか埋め立てられて駅から海岸までは遠くなり、高師浜の名前とはかけ離れた状況である。

このほか南海電鉄には、本線から分岐する多奈川線、加太線、和歌山港線、空港線といったミニ路線が存在する。

ユニークな取り組みも

8 水間鉄道　貝塚─水間観音（大阪府）

南海本線の貝塚駅から分岐する水間鉄道は、南海電鉄の関連会社かと思ったら、グループ会社ではない。バブルが弾け、不動産事業で痛手を負い、会社更生法適用後は、グルメ杵屋の完全子会社となっている。

貝塚─水間観音5.5㎞の間に8つも駅があり、全線単線で、ワンマン改造した元東急7000系が2両編成で走る。途中でJR阪和線と交差するものの、どちらにも駅はなく、南海電鉄に忠誠を尽くしているかのようだ。

終点水間観音駅は水間寺への最寄り駅。1926（大正15）年開業で、近畿の駅百選に選ばれた寺院風の駅舎は異彩を放っている。

水間鉄道では、個人や会社などのPRを兼ねたオリジナルヘッドマークを電車に取り付けたり、1万円で3ヵ月間乗り放題の水間寺参詣手形（フリー乗車券）を発売するなどユニークな取り組みを行っていて興味深い。（P68も参照）

9 近鉄信貴《しぎ》線　河内山本─信貴山口（大阪府）

大阪上本町駅から近鉄大阪線の区間準急に乗って15分の河内山本駅より分岐しているのが近鉄信貴線である。信貴山朝護孫子寺への参詣ルートとして終点信貴山口まで2.8km、5分のミニ路線で信貴山口駅からは西信貴鋼索線というケーブルカーに乗り換えて高安山《たかやすやま》駅に向かう。

半世紀ほど前に東大阪市に住んでいた母方の親戚と、上本町駅発の直通電車で信貴山に遊びに行ったことがある。子供でも楽しめるレジャー施設があったことをうっすらと記憶しているのだが、今はどうなっているのだろうか?

信貴線には2両編成の電車しか入線できないので、1967年末以来、長編成化された大阪線への乗り入れは廃止された。もっとも、イベント運転として2010年と2018年に直通準急の復活運転が行われた。

大阪市中心部にある

10 京阪中之島線 中之島―天満橋(大阪府)

2008年に開業した大阪中心部の中之島の地下を東西に走る新線。京阪本線と一体化した運行をしていて、線内のみの折り返し列車はない。本線に直通する優等列車も運行されているが、利用者数は少なく、日中や土休日は、ほとんどの電車が普通列車だ。起終点となる中之島駅は、地下鉄をはじめ他の鉄道路線との接続がなく、あたかも盲腸線のような雰囲気があるので、ここで取り上げてみた次第である。

何とも中途半端な都会の盲腸線ではあるけれど、構想としては、西九条を経由して夢洲《ゆめしま》までの延伸計画がある。人工島の夢洲は2025年の大阪万博の会場となる上、カジノを含む統合型リゾート（ＩＲ）の候補地だ。すべてが実現すれば、中之島線はミニ路線から脱し、大阪市内を東西に走る幹線のひとつに大化けするかもしれない。なにわ筋線に乗換駅を設ける計画もある。今後に期待したい路線なのである。

関西圏のミニ路線は意外に多く、ここでは取り上げなかった近鉄のミニ支線、能勢電鉄、神戸電鉄にも興味深い路線がある。機会を改めてリポートしたいものだ。

第二章
奥が深すぎる おもしろ駅名・列車名の雑学

ビジネストークの潤滑油として使えそう?

「大ボケ」「お前だ」「やだ」……おもしろ駅名10

おもしろ10

1 難しい仕事の担当者は…小前田【おまえだ：秩父鉄道（埼玉県）】

2 たしなめるように…吉名【よしな：ＪＲ西日本　呉線（広島県）】

3 断言したいこともある…幸田【こうだ：ＪＲ東海　東海道本線（愛知県）】

4 怒っても言ってはいけない?…大歩危【おおぼけ：ＪＲ四国　土讃線（徳島県）】、葛【くず：近鉄吉野線（奈良県）】

5 素直に謝ることも大切です…後免【ごめん：ＪＲ四国　土讃線、土佐くろしお鉄道ごめん・なはり線（高知県）】

6 とりあえず今は忙しいので…安登【あと：ＪＲ西日本　呉線（広島県）】、朝来【あっそ：ＪＲ西日本　紀勢本線（和歌山県）】

7 だがそれは断る!…揖屋【いや：ＪＲ西日本　山陰本線（島根県）】、矢田【やだ：名鉄瀬戸線（愛知県）】

8 それでも頼まれたときは…六田【むだ：近鉄吉野線（奈良県）】、南蛇井【なんじゃい：上信電鉄（群馬

次駅の表示に思わずドッキリ

県)】

9 聞いてくれるな、その結果は…菊名【きくな：東急東横線、ＪＲ東日本　横浜線（神奈川県）】、今市【いまいち：ＪＲ東日本　日光線（栃木県）】

10 それでも、前向きに進みましょう…アスモ前【あすもまえ：天竜浜名湖鉄道（静岡県）】

仕事上で意見したり、議論となるとき、直接的表現では何かと気まずくなったりすることもあろう。そんなとき「鉄分」がある相手なら、面白い駅名を絡めて、冗談ぽく言ってみると、とげとげしさがなくなったり、笑いながら納得したりすることもあるかもしれない。そんな潤滑油的役割を果たす、ビジネストークや普段の会話に使えそうな面白い駅名を集めてみた。

次はオマエだー！

1 難しい仕事の担当者は…小前田【おまえだ：秩父鉄道（埼玉県）】

小前田駅は漢字で書いてもインパクトがないけれど、熊谷駅から普通電車に乗り、ふかや花園駅を出ると、ドアの上部の電光掲示板に「次はオマエダ」と表示されるのが可笑しい。ドア付近に立っていると、「次はお前が降りるのだぞ」と脅されているような気になってくるから怖い。ともあれ、面倒な仕事を押し付けるときには、P224の写真を見せるなりして納得させてしまおう。

2 たしなめるように…吉名【よしな：JR西日本　呉線（広島県）】

海田市駅と三原駅間を瀬戸内海沿いに走るJR呉線は、山陽本線のバイパス的存在である。電車はすべて広島駅まで乗り入れている。その呉線の東半分の区間は、都市圏から離れているので、電車の本数は少なく1時間に1本程度だ。週末には、観光列車が走り、2014年度後半に人気を博したNHK朝ドラ『マッサン』の故郷で一躍有名になった竹原にも停車する。その竹原駅の西隣が吉名駅。普通列車以外通過で目立たない駅だが、「よしな、よしな」とたしなめるように駅名が連呼される。

3 断言したいこともある…幸田【こうだ：JR東海　東海道本線（愛知県）】

ああでもない、こうでもない、と煮え切らないとき、「こうだ！」と断言したい。

JR東海道本線の快速に豊橋から乗車すると蒲郡の次は岡崎だが、1時間に1本程度、幸田に停車する列車がある。駅のすぐ南を東海道新幹線が高架で跨いでいるが、残念ながらホームはなく、すべて通過となる。

4 怒ってても言ってはいけない？…大歩危【おおぼけ：ＪＲ四国　土讃線（徳島県）】、葛【くず：近鉄吉野線（奈良県）】

言い方によっては険悪な雰囲気になるので、駅名の話と絡めて使ってみたい。大歩危は四国の背骨となる山岳地帯を抜ける吉野川の渓谷にある駅で特急も停車する。普通列車しか停車しない隣の駅は小歩危（こぼけ）。こちらも使えそうだ。

ちょっと相手を傷つけそうなので、使い方に注意を要するのが、近鉄吉野線の葛（くず）駅。特急停車駅吉野口のひとつ手前の駅である。

5 素直に謝ることも大切です…後免【ごめん：ＪＲ四国　土讃線、土佐くろしお鉄道ごめん・なはり線（高知県）】

これは有名な駅である。謝るときの「ごめん」は御免だが、駅名は「後免」。土佐くろしお鉄道ごめん・なはり線のホームには、「ごめん駅でごめん」という、やなせたかしさんが書いた「ごめん」だらけの歌碑がある。また、ごめん・なはり線の隣駅・後免町駅のすぐ近くまで乗り入れる路面電車とさでん交通の行先標示板は「ごめん」とひらがな表記なのが笑える。

6 とりあえず今は忙しいので…安登【あと：ＪＲ西日本　呉線（広島県）】、朝来【あっそ：ＪＲ西日本　紀勢本線（和歌山県）】

1のように「オマエダ」と言われてもやりたくないときもあろう。むげに断るのも気が引けるときは、とりあえず今は忙しいから「あと」と言ってみたい。それにしても、呉線は、先ほど登場した「よしな」をはじめ「くれ」、そしてこの「あと」と面白い駅名が揃っている。

あるいは、気乗りしないときは「あっそ」とかわしておこうか？「あっそ」は「朝来」と書く。和歌山駅から向かうなら、南紀の大観光地の玄関である白浜駅のひとつ手前の小さな駅で普通列車しか停まらない。特急「くろしお」は、1時間に1本程度走っているのに、普通列車の本数は少なく、朝来駅に行くには3時間近く電車がない時間帯もある。「あっそ」と聞き流していると、あとで後悔するからご用心。

7 だがそれは断る！…揖屋【いや：JR西日本　山陰本線（島根県）】、矢田【やだ：名鉄瀬戸線（愛知県）】

前述したような柔らかい対応では済まないときは、はっきり断りたい。「いや」は、山陰本線の駅で、米子と松江の間にある小さな駅だ。普通列車しか停車しないけれど、かつて特急に乗っていたら、単線のため列車行き違いで運転停車したことがあった。先を急ぎたいのに「いや」だと思ったが、もちろんそんな願いはかなわなかった。

名古屋を走る名鉄瀬戸線に乗ると、ＪＲ中央西線との乗換駅大曽根の次が矢田。「やだ、やだ」と言われても降りてしまう。矢田駅の近くにはプロ野球中日ドラゴンズの本拠地・ナゴヤドームがある。もっとも、いちばん近いのは地下鉄名城線のナゴヤドーム前矢田駅だ。「前」をわざわざ付けたのは、ナゴヤドーム矢田とすると、「ナゴヤドームなんて嫌だ」と聞こえるからだという説もあるが、真偽のほどは確かではない。

8 それでも頼まれたときは…六田【むだ：近鉄吉野線（奈良県）】、南蛇井【なんじゃい：上信電鉄（群馬県）】

「むだ」と言って断る。南蛇井（なんじゃい）と言って凄む。あるいは、そんな仕事、できっこない〈木古内（きこない）＝北海道新幹線、道南いさりび鉄道〉とギャグっぽく断るなど（ちょっと苦しいかも）、さまざまである。

成果は「日光の手前です……」

9 聞いてくれるな、その結果は…菊名【きくな：東急東横線、JR東日本　横浜線（神奈川県）】、今市【いまいち：JR東日本　日光線（栃木県）】

それはそうと、営業の成果はどうだった、と聞かれたけれど、思わしくないときは、どう逃げるか。まずは「きくな」と強く拒否する手がある。ムカッときたら、隣の駅名とペアにして「大口、菊名」と言い放つのが定番だとか。

それでも追及されたら、「日光の手前です」ととぼけて、つまり「今市（いまいち）なのです」と言い訳がましく説明しよう。相手がユーモアの分かる人だったら、学（がく＝JR四国　徳島線）っときましたと、笑って済ませられればいいのですが、あとがどうなるか……。当局は一切関知しないから、そのつもりで。

10 それでも、前向きに進みましょう…アスモ前【あすもまえ：天竜浜名湖鉄道（静岡県）】

まあ、世の中色々あり、つらいこともあるけれど、くじけず前向きに仕事したいもの。そんな気分を表しているのが静岡県にある第三セクター天竜浜名湖鉄道のアスモ前駅。自動車部品メーカーのアスモ本社に近いことから付けられた駅名だが、アスモ前＝「明日も前」と掛けて、縁起ものの駅名キーホルダーを売るほどである。天浜線に乗りに行って元気をもらおうではないか。

惜しくも廃止となってしまった駅名も

「及位」「道徳」「前後」……読める？ 珍駅名10

おもしろ10

1 笑内【秋田内陸縦貫鉄道／秋田県北秋田市】
2 於札内【JR北海道　札沼線／北海道浦臼町】
3 和寒【JR北海道　宗谷本線／北海道和寒町】
4 及位【JR東日本　奥羽本線／山形県真室川町】
5 飯山満【東葉高速鉄道／千葉県船橋市】
6 猿投【名鉄三河線／愛知県豊田市】
7 道徳【名鉄常滑線／愛知県名古屋市】
8 前後【名鉄名古屋本線／愛知県豊明市】
9 上下【JR西日本　福塩線／広島県府中市】
10 半家【JR四国　予土線／高知県四万十市】

前項で、ビジネストークや普段の会話で使えそうな面白い駅名を紹介した。だが、全国の駅名の中には、笑える駅名、別の言葉を連想してしまう妙な駅名、普通名詞の

周辺の地名に由来する名鉄道徳駅

ような駅名がまだいくつもある。ここでは会話のネタに使えそうなものにこだわらず、そうした駅名をピックアップしてみよう。

おかしくない？　お札がない？

1 笑内（おかしない）【秋田内陸縦貫鉄道／秋田県北秋田市】

まずは、「笑」という字の入った駅名ということで、秋田内陸線の笑内を挙げておこう。小さな無人駅で、角館から内陸線に乗っていくと、拠点駅の阿仁合《あにあい》の少し手前にある駅だ。駅名は所在地の地名から付いた。北海道によくある「〇〇内」と同じくアイヌ語起源で、オ・カシ・ナイ（川尻に・仮小屋ある・川）に由来するものの、元の意味とは関係のない漢字を当てたと言われている。

しかし「オカシ」という音を「笑」で当てるとは、洒落っ気たっぷりで、文字通り笑ってしまう。無人駅で売店も何もないけれど、阿仁合駅で笑内駅の駅名標キーホルダーを買ったことがあるし、笑内チーズ饅頭をオンラインショップで取り寄せることもできる。

2 於札内（おさつない）【JR北海道　札沼線／北海道浦臼町】

「〇〇内」という北海道によくある駅名の中で面白いもののひとつに、札沼線（学園都市線）の於札内があった。ワンマン運転のディーゼルカーに乗って、降りるときに1万円札で支払おうと思っていると、「おさつない」と言われ、お釣りの千円札がないのかと焦るかもしれない（笑）。

2020年1月の列車ダイヤでは、札幌を早朝に出発し、石狩当別で新十津川行きに乗ると、於札内には9時14分に到着する。およそ1時間滞在して、10時13分発の石狩当別行きで札幌方面へ戻る。於札内駅を往復列車で訪問するには、この行程しかありえない。1日1往復と極限まで切り詰められたダイヤもいつまで続くのか、と危惧していた。於札内駅を含む北海道医療大学―新十津川間は、JR北海道が「単独での維持が困難」としている線区だった。残念ながら、前述の通り（P179）2020年5月7日付で廃止となった。

3 和寒（わっさむ）【JR北海道　宗谷本線／北海道和寒町】

札幌から特急列車に乗っておよそ2時間。真冬なら、和寒で降りると、本当に「わっ寒い」と叫んでしまうだろう。マイナス20度、マイナス30度はザラだからだ。もちろん、そんな理由で地名が付いたわけではなく、真面目に書くと、アイヌ語で「ニレの木の傍ら」という意味が起源である。

4 及位（のぞき）【JR東日本　奥羽本線／山形県真室川町】

前項の「おもしろ駅名10」は、ビジネストークの潤滑油として使えそうな駅名だったので、あえてリストアップしなかったが、面白い駅名として外せないのがこの及位駅であろう。面白いのみならず、知らないと読めない駅名としても全国で一、二を争うのではないだろうか？

近隣の女甑山《めこしきやま》で、険しい断崖の端から宙づりになり崖の赤穴をのぞき込む修行を行った者は高い「位」に「及んだ」という話に由来する地名である。及位温泉もあり、駅訪問のついでに立ち寄ってみたい気もするけれど、予約のみ営業し、普段は休業しているらしい。

5 飯山満（はさま）【東葉高速鉄道／千葉県船橋市】

東京メトロ東西線に直通する東葉高速鉄道にあるのが飯山満駅。飯山満（いいやま・みつる）という人名かと勘違いしそうだ。駅名の読み方は「はさま」で、これも知らないと読めない。地元では「はざま」と濁って読むこともあるという。難読駅として知られている。ちなみに、隣の駅は北習志野《きたならしの》で、「きたならしい」と聞こえてしまうけれど、いたって小奇麗な駅である。

6 猿投（さなげ）【名鉄三河線／愛知県豊田市】

猿を投げるとは、動物愛護団体が耳にしたら厳しく叱責されそうな駅名だ。「さるなげ」ではなく「さなげ」と読むのも知らないと分からない。愛知県豊田市にあり、かつてはさらに先まで路線が延びていたが、廃線になり、今では名鉄三河線の山側の終点である。

「景行天皇が伊勢国へ赴いた際に、かわいがっていた猿が不吉なことを行ったので、海へ投げ捨てた。その猿が今の猿投山に籠もって住んだとされることから、『猿投』

と呼ばれるようになった」そうだが、猿投山と伊勢湾は遠く離れているので、かなり怪しい言い伝えである。なお、猿投山や猿投神社は、猿投駅から歩いて行ける距離にはない。

7 道徳（どうとく）【名鉄常滑線／愛知県名古屋市】

普通名詞あるいは学校の科目かと思ったら駅名である。中部国際空港へ向かう名鉄の路線にある名古屋市内の駅で、周辺の地名に由来する。確かに、道徳新町、道徳北町、道徳公園などがあるから道徳駅があってもおかしくはない。しかし、初めて降り立つと違和感というか不思議な感じがする駅であろう。

8 前後（ぜんご）【名鉄名古屋本線／愛知県豊明市】

名鉄には不思議な駅名がいくつかあるけれど、前後というのもそのひとつだ。由来には諸説あるが、東海道を下って行ったときに、近隣のメジャーな集落の手前にあったので前郷と呼ばれ、それが変化して前後になったとする説が有力である。不思議な駅名ではあるけれど、名古屋郊外の豊明市の玄関駅であり、特急は通過するものの、急行以下の電車が停車する主要駅のひとつである。

9 上下（じょうげ）【JR西日本　福塩線／広島県府中市】

前後駅があるなら上下駅もあるとは愉快だ。広島県府中市上下町にあり、上下とは、山間部で瀬戸内海へ流れる芦田川水系と日本海へ流れる江の川水系の分水嶺になっていることに由来するとされる。

少し前に、午後の三次《みよし》行きの列車に乗ったら、上下駅で府中行きの列車と行き違い、上下駅で上下列車がすれ違うとはうまくできた列車ダイヤだなあと感心した（笑）。

10 半家（はげ）【JR四国　予土線／高知県四万十市】

珍駅名としてよく知られているのが半家駅だ。四国西南部を四万十川に沿って走る風光明媚な予土線にある。無人駅で乗車券の販売はないが、半家発増毛（ましけ）行きの長距離切符が洒落としてよく話題に上った。

しかし、増毛駅（JR北海道　留萌本線）は2016年12月限りで廃止されてしまったので、この洒落は使えなくなった。代わりに、半家発上大井（かみおおい：JR

東海　御殿場線）行き乗車券が脚光を浴びるのではないかと密かに思っていたが、それほどでもないようだ。

まだまだ面白い駅はあるけれど、本項ではこのくらいにしておこう。

見つけたら休日に行ってみたくなる？

「自分の駅」はある？苗字と同じ駅名10

1　高橋駅【ＪＲ九州　佐世保線／佐賀県武雄市】
2　小林駅【ＪＲ東日本　成田線／千葉県印西市、ＪＲ九州　吉都線／宮崎県小林市】
3　田中駅【しなの鉄道／長野県東御市】
4　中村駅【土佐くろしお鉄道／高知県四万十市】
5　吉田駅【ＪＲ東日本　越後線・弥彦線／新潟県燕市】
6　佐々木駅【ＪＲ東日本　白新線／新潟県新発田市】
7　山田駅【京王高尾線／東京都八王子市、阪急千里線・大阪モノレール線／大阪府吹田市、長良川鉄道／岐阜県郡上市】
8　浅野駅・大川駅【ＪＲ東日本　鶴見線／神奈川県横浜市、川崎市】
9　宮本武蔵駅【智頭急行／岡山県美作市】、吉備真備駅【井原鉄道／岡山県倉敷市】
10　野田駅【ＪＲ西日本　大阪環状線、阪神本線／大阪府大阪市】

著者の名字と同一のＪＲ野田駅

　2015年に開催されたラグビーワールドカップで注目された五郎丸歩選手と同じ名前の「五郎丸」駅が九州の西鉄甘木線にあることが話題になり、名所（？）としてファンが殺到したと報道された。同じように、自分の苗字と同じ名前の駅があれば、それが遠い場所であっても親近感が湧くであろう。ここでは、全国で多く見られる苗字と同じ名前の駅名を中心に、人名と駅名のトピックを10選んでみた。

佐藤、鈴木はないけれど……

1　高橋駅【JR九州　佐世保線／佐賀県武雄市】

　さまざまな苗字ランキングなどで「佐藤」や「鈴木」に次いでベスト3に入る高橋。「佐藤駅」「鈴木駅」はないけれど（鈴木町駅なら京急大師線にある）、高橋駅（佐賀県）はJR九州の佐世保線にあった。長崎本線との分岐駅肥前山口駅から3つ目、武雄温泉駅のひとつ手前の駅である。特急列車は通過するので見落としてしまいがちだが、大勢いる高橋さんなら各駅停車に乗って訪れる価値はあろう。1時間に1本ほど普通列車が走っているので安心だ。

なお、「たかはし駅」は、JR西日本伯備線にもあり、寅さん映画に2回も登場しているが、高梁と書き、備中高梁駅が正式名称である。

2 小林駅【JR東日本　成田線／千葉県印西市、JR九州　吉都線／宮崎県小林市】

JR成田線のうち、常磐線の我孫子駅と成田駅とを結ぶ通称「我孫子支線」で、成田駅から3つ目に位置するのが小林駅（千葉県）。停車するのはすべて各駅停車だが、長大編成の上野行きや朝には品川行きも発着する。都会的な長編成の電車が走るのは不似合いなくらい、我孫子と成田の間は広々とした田園地帯が広がり、車窓から眺めていると気持ちがよい。もっとも、小林駅の周辺は市街地となっている。

小林駅はJR九州の吉都線にもある。今でこそ普通列車のみで観光列車も走らず、忘れ去られたようなローカル線ではあるが、かつては熊本と宮崎を結ぶ重要ルートの一部だった。1970年代には数年間とはいえ、博多と宮崎を鹿児島本線・肥薩線・吉都線・日豊本線経由で結ぶ特急「おおよど」が走り、小林駅（宮崎県）は特急停車駅だった。その後、急行に格下げとなり、その急行もなくなり、今に至るのである。

阪急今津線にも小林駅（兵庫県）があるが、こちらは「おばやし」と読む。

3 田中駅【しなの鉄道／長野県東御市】

旧信越本線の軽井沢―篠ノ井間が第三セクターに転換して誕生したのが、しなの鉄道。そのうち、小諸から長野方面に向かって2つ目が田中駅である。レストラン列車「ろくもん」に乗車したときは、田中駅でしばらく停車したので、風格ある駅舎や駅前広場あたりを散策することができた。駅舎入口に掲出されていた「田中驛」という木製の駅名標が印象的だった。余談だが、放送関係の仕事をしている知人の田中さんが、この駅で結婚式を挙げている。

4 中村駅【土佐くろしお鉄道／高知県四万十市】

国鉄土讃線の延長として中村線の名称で中村駅（高知県）まで開通したのが1970年。その後、土佐くろしお鉄道に転換され、宿毛《すくも》駅まで延伸する1997年までの間、長らく終着駅だった。利用数などを勘案して宿毛行きの特急列車は少なく、「南風」「あしずり」「しまんと」の終着駅となっていて、岡山や四国の行先表示板では、中村駅はよく知られた駅名である。

中村駅の駅舎は、2010年3月に大改装し、地元特産の四万十ヒノキを多用した洒落た建物となった。そのデザインは、鉄道に関する国際的なデザインコンペのブルネル賞をはじめ、建築やデザインに関する内外の賞を多数受賞し、注目を集めている。

かつては全国に4つあったが……

5 吉田駅【JR東日本 越後線・弥彦線／新潟県燕市】

新潟県内を走るJR越後線と弥彦線の中ほどにある拠点駅。どちらの路線も全線を走破する列車が少なく、ほとんどの列車が吉田駅で折り返すことになる。列車本数が少ないけれど、各方面へ向かう列車相互の乗り継ぎは比較的良好で、発車時刻になると電車が4本並び、一時ホーム上がにぎわう。

かつて、吉田駅はこの駅を含めて全国に4ヵ所あったけれど、他はすべて駅名が変更となった。JR飯田線と名鉄の豊橋駅が、1943年までは吉田駅だったことを知る人は多くないであろう（当時は豊川鉄道）。なお、近鉄けいはんな線にある吉田駅（東大阪市）は「よした」と読む。

6 佐々木駅【JR東日本　白新線／新潟県新発田市】

新潟駅と新発田駅を結ぶ白新線の駅。日本海縦貫線と呼ばれる大動脈の一部となっているため、貨物列車や特急列車が通過する。白新線の列車は、一部が越後線から直通している。

私事だが、数年前に越後線の電車を新潟駅で降りたとき、うっかりICカード付きクレジットカードを紛失してしまった。その電車は白新線に直通したのだが、数日後に、佐々木駅の駅員さんから紛失したカードが佐々木駅のホームで見つかったとの連絡が入った。なぜ、佐々木駅に落ちていたのか謎であるが、親切な駅員さんがわざわざ送り届けてくれ感激した。佐々木駅というと、そのことを思い出す。

7 山田駅【京王高尾線／東京都八王子市、阪急千里線・大阪モノレール線／大阪府吹田市、長良川鉄道／岐阜県郡上市】

京王高尾線の起点北野駅（本線との分岐駅）から2つ目、京王片倉の次が山田駅である。意外に目立たない駅で、特急は通過するものの、土休日は北野駅から各駅に停車する準特急が20分に1本停車するので、新宿方面から行き来するには便利になった。

山田駅は大阪府吹田市にもあり、こちらは阪急千里線と大阪モノレールの乗換駅。1970年の大阪万博のときのみ使われた臨時駅、万国博西口駅の廃止後に、代わりにできた駅である。

もうひとつの山田駅は、岐阜県の第三セクター長良川鉄道にある。郡上八幡《ぐじょうはちまん》駅から北濃駅に向かって2つ目。国鉄時代は美濃山田駅といったが、長良川鉄道になってから、美濃が取れ、山田駅に改名された。単線の線路にホームが1本だけの小さな無人駅である。

東日本大震災で不通になったままで、8年後の2019年3月に三陸鉄道の駅として復活した旧JR東日本山田線の駅は単に山田駅ではなく、陸中山田駅という。ほかにも、宇治山田駅（近鉄）、土佐山田駅（土讃線）など「山田」が付く駅は数多い。

「苗字みたい」ではなく人名そのもの

8 浅野駅・大川駅【JR東日本 鶴見線／神奈川県横浜市、川崎市】

たまたま駅周辺の地名が人名と同じような名称だったから命名した駅ではなく、人名そのものを駅名にしたのが、神奈川県内にあるJR鶴見線のいくつかの駅である。

臨海部を埋め立てて工場地帯としたため地名もなく、工場の創業者にちなんで駅名としたものだ。

鶴見線の扇町駅へ向かう本線と海芝浦駅へ向かう支線との分岐駅浅野は、鶴見線の前身である鶴見臨港鉄道の創設者であり浅野財閥の創始者浅野総一郎にちなみ浅野駅となった。本線と支線がY字形に分岐し、その2つに挟まれるようにして駅舎がある。閑散とした休日に訪れると、いつもネコが悠然と構内を歩いていて和んでしまう。

朝と夕方しか電車が走らないことで知られる大川支線の終点大川は、富士製紙の経営者大川平三郎にちなみ大川と名付けられた。ほかに、鶴見線の鶴見小野は、その付近を埋め立てた小野高義・鱗之助にちなみ、安善駅は、鶴見臨港鉄道を支援した安田財閥の安田善次郎にちなむなど、関係者の名前に由来するものばかりだ。

9　宮本武蔵駅【智頭急行／岡山県美作市】、吉備真備《きびのまきび》駅【井原鉄道／岡山県倉敷市】

日本では珍しく人名そのものを駅名としている駅がある。いずれも岡山県にあり、ひとつは第三セクター鉄道の智頭急行にある宮本武蔵駅。近くに宮本武蔵の生誕伝承地といわれる「武蔵の里」があるためである。智頭急行は、京阪神からの特急「スーパーはくと」、岡山からの特急「スーパーいなば」が多数走っているけれど、いずれも宮本武蔵駅は通過してしまう。鳥取へ列車で向かうときには乗る機会の多い路線なのに、見過ごしてしまいがちな駅で残念だ。1時間に1本程度の各駅停車でのんびり訪れたい。

もうひとつは、やはり第三セクターである井原鉄道の吉備真備駅。奈良時代に活躍した政治家で遣唐使として海を渡り、日本史の教科書にも登場する有名な人物、吉備真備の故郷であることに由来する。駅名標には、遣唐使の船に乗っている吉備真備のイラストが描かれている。井原鉄道も智頭急行と同じく非電化で、1両のみのディーゼルカーが停車する。

筆者の「聖地」は大阪に！

10 野田駅【JR西日本　大阪環状線、阪神本線／大阪府大阪市】

最後に筆者の姓野田という駅。JR大阪環状線で大阪駅から内回り電車に乗り2つ目。福島の次が野田である。高架駅で地上に降り立っても駅舎らしきものはなく、駅名の看板のみが架かっていた。駅前は雑然としていて、いかにも下町といった感じだった。

地下鉄千日前線も通っているけれど、こちらは野田駅ではなく玉川駅。この地下鉄千日前線に1駅乗ると終点野田阪神駅で、地上に出ると阪神電鉄の野田駅がある。阪神野田でも野田阪神でもなく、ただの野田駅。大阪環状線の野田駅とは離れているのに単に野田駅とは紛らわしくて、よそ者は混乱するのだ。

そういえば、ＪＲの野田駅は、大阪駅から近いにもかかわらず、昼間は電車が15分ごとにしか停まらない。電車はひっきりなしにやってくるのに、大和路快速、関空快速・紀州路快速はいずれも通過。３本に１本しか利用できないのだ。私にとって「聖地」みたいな駅なのに残念である。

以上はほんの一例であるが、各自の姓名の駅がないか探し、見つかったならば訪問してみるのも一興であろう。

「井川さくら」「吉川みなみ」……フルネームも

なぜか女性ばかり？「名前」のような駅名10

おもしろ10

1 さくら（桜）【名鉄名古屋本線／愛知県名古屋市、近鉄湯の山線／三重県四日市市】

2 ゆい（由比）【JR東海　東海道本線／静岡県静岡市】

3 さわ（佐和）【JR東日本　常磐線／茨城県ひたちなか市】

4 やよい（弥生）・さかえ（栄）【水島臨海鉄道／岡山県倉敷市】

5 はるえ（春江）【JR西日本　北陸本線／福井県坂井市】、ともえ（友江）【養老鉄道／岐阜県大垣市】、みずえ（瑞江）【都営新宿線／東京都江戸川区】

6 みさと（美里）【JR東日本　小海線／長野県小諸市】と女性的な駅名

7 愛子【JR東日本　仙山線／宮城県仙台市】、孝子【南海本線／大阪府岬町】

8 いずみ（泉）【JR東日本　常磐線／福島県いわき市、福島交通／同福島市】、さかえ（栄）【名古屋市営地下鉄　東山線・名城線／名古屋市中区】など

名古屋市内にある名鉄桜駅

9　井川さくら【ＪＲ東日本　奥羽本線／秋田県井川町】、吉川美南【同武蔵野線／埼玉県吉川市】、小田栄【同南武支線／神奈川県川崎市】、近江舞子【ＪＲ西日本　湖西線／滋賀県大津市】など

10　宗太郎【ＪＲ九州　日豊本線／大分県佐伯市】、隼人【同日豊本線・肥薩線／鹿児島県霧島市】、たろう、たかし

前項の「苗字と同じ駅名10」は、ＷＥＢ掲載時、大変な反響を呼んだ。自分の苗字と同じ駅はないだろうかと探して見つけたとか、「ない」と思っていたらバス停にあったとか、さまざまな報告をいただいた。

そこで、苗字があるのなら、名前はどうだろうか？　と調べてみることにした。すると、男子の名前は数少なく、見つけたのは女子の名前ばかり。やはり、響きがよかったり、きれいな名前だったりすると駅名にもしやすいのだろうか？　さっそく、リストアップしていきたい。

1 さくら（桜）【名鉄名古屋本線／愛知県名古屋市、近鉄湯の山線／三重県四日市市】

この原稿をＷＥＢにて公開したときは春、ということで満開の桜にちなんで、まずは桜駅から始めてみた。

映画「男はつらいよ」シリーズの主人公、寅さんの妹の名前が「さくら」。ほかにも、上原さくら、横峯さくら、丹下桜など、さくらさんはポピュラーな名前で、「さくらこ」さんを含めるとかなりの数になる。

桜駅は、名古屋市内を走る名鉄名古屋本線の小さな駅と、もうひとつお隣三重県の近鉄湯の山線にある。桜駅から桜駅へのミニトリップは、名古屋駅経由で名鉄と近鉄を乗り継ぐと1時間20分程度だ。なお、名鉄の桜駅は、それほど桜の名所というわけではなく、狭い谷間を意味する「さ（狭）」と「くら（谷）」が起源である。

2 ゆい（由比）【ＪＲ東海　東海道本線／静岡県静岡市】

最近の女の子の名前で人気がある「ゆい」。さまざまな漢字が当てられるけれど、由比もある。そして由比駅は、静岡県内の東海道本線の駅として大正時代から存在する。由比という地名は、東海道五十三次の宿場町として名を馳せた由緒あるもの。ただし、この駅は普通電車しか停まらない地味な駅である。

3　さわ（佐和）【JR東日本　常磐線／茨城県ひたちなか市】

都内から出るJR常磐線の電車は、水戸の次の勝田行きが多い。その先は、列車本数が半減してしまうが、その最初の駅が佐和。これも女の子の名前としてはよくあるものだ。佐和駅周辺には繁華街と呼べるものはなく、住宅地の駅である。佐和さんが訪ねてみるにはよい雰囲気かもしれない。

こんな名前の姉妹がいるかも？

4　やよい（弥生）・さかえ（栄）【水島臨海鉄道／岡山県倉敷市】

女の子の名前が2つ連続するという珍しい路線が岡山県倉敷市内を走る水島臨海鉄道である。倉敷市駅を出て5つ目が弥生、その次が栄とは出来すぎかもしれない。どちらも高架駅で、臨海鉄道というだけあって貨物列車が走る。女性的な名前の駅としては、ややムードに欠けるかもしれない。なお、栄という名前は男性にもよくあるので、それについては後で述べる。

5 はるえ（春江）【JR西日本 北陸本線／福井県坂井市】、ともえ（友江）【養老鉄道／岐阜県大垣市】、みずえ（瑞江）【都営新宿線／東京都江戸川区】

「え」で終わる女の子の名前は、いくつもある。そんな名前の駅名を探してみると、数多く見つかった。まず、春江は、JR北陸本線の駅で福井駅から金沢方面に向かって2つ目の小さな駅。駅からクルマで5分ほどのところには、ハートピア春江というホールなどの複合施設がある。

友江は、桑名駅（三重県）と揖斐駅（岐阜県）を結ぶ養老鉄道の駅で、養老駅と大垣駅の中間くらいのところにある大垣市内の駅である。

瑞江は、都営地下鉄の新宿線の駅で、江戸川区内にある地下駅。島式ホームの両側を走る上下線のさらに外側にそれぞれ通過線があり、昼間は急行電車の通過待ち合わせのため追い抜かれる普通電車はしばしば停車する。また本八幡行きの終電の次に瑞江行きという電車が設定されているので、夜遅く都営新宿線を利用する人にはなじみの駅名であろう。

6 みさと（美里）【JR東日本　小海線／長野県小諸市】と女性的な駅名

高原列車として名高いJR小海線。小淵沢駅を出ると八ヶ岳山麓を走り、次に千曲川に沿って走るというように車窓は見飽きないが、佐久平で北陸新幹線と交差するあたりからは市街地となり、それほど車窓は楽しめなくなる。そんなときに美里駅が現れ、今度は駅名に惹かれる。さらに次の次が乙女（おとめ）駅。こちらは名前というより、そのロマンチックな響きでときめいてしまう人もいるだろう。

乙女と似たような感じの駅といえば、岐阜県内のJR東海太多《たいた》線の姫（ひめ）駅を思い出す。女性的な名前の駅として挙げておきたい。

「あいこ」「たかこ」ではありません

7 愛子【JR東日本　仙山線／宮城県仙台市】、孝子【南海本線／大阪府岬町】

ここまでに挙げた女子名は、どれも「子」が付かない。かつて女子名といえば、クラスの女の子の大半に「子」が付くという時代もあったので、昭和生まれとしては、

「子」の付く駅名を探してみたくなる。

ところが、「子」の付く駅名は多々あるものの、銚子、笹子、益子、白子（近鉄名古屋線）、巣子（すご　ＩＧＲいわて銀河鉄道）など、どれも女子名とは結びつかない駅名ばかりだ。

そんななか、やっと見つけたのが愛子駅と孝子駅。「あいこ」と「たかこ」と喜んだのもつかの間、愛子駅は「あやし」駅、孝子駅は「きょうし」駅と読む。前者は、宮城県にあるＪＲ仙山線の駅、後者は大阪府最南端に位置する南海本線の駅で、女子名とは無縁だった。もっとも、漢字だけみると女子名と錯覚するので、愛子さんと孝子さんは訪れてみてもいいかもしれない。

8　いずみ（泉）【ＪＲ東日本　常磐線／福島県いわき市、福島交通／同福島市】、さかえ（栄）【名古屋市営地下鉄　東山線・名城線／名古屋市中区】など

泉は、女性名でもあるし男性名でもある。駅としてはＪＲ常磐線と福島交通飯坂線の２ヵ所にある。常磐線の駅は、いわき駅から水戸方面へ向かって３つ目。ともに福島県内というところが興味深い。なお、泉さんという苗字もあるので、泉駅が気にな

る人は案外多いかもしれない。

水島臨海鉄道のところで取り上げた栄駅は、名古屋の中心部にもある。地下鉄東山線と名城線の交差する栄（さかえ）駅だ。栄も男女ともにある名前である。

北海道の釧網本線にある緑（みどり）駅。緑は女性に多い名前であるが、男子名としても存在する。1964年の東京オリンピックの頃、プロ野球阪神タイガースの投手として活躍したのが石川緑（いしかわ・みどり）。当時は誰もが知る選手であった。彼にあやかったのかどうかはわからないが、緑という名前の男性はいる。

まるでフルネームのような駅も

9　井川さくら【JR東日本　奥羽本線／秋田県井川町】、吉川美南【同武蔵野線／埼玉県吉川市】、小田栄【同南武支線／神奈川県川崎市】、近江舞子【JR西日本湖西線／滋賀県大津市】など

「苗字と同じ駅名10」の9番目で、フルネームの駅として宮本武蔵駅と吉備真備駅を紹介した。どちらも歴史上の人物であり男性だ。それでは、女性のフルネームはないものだろうかと探してみると、いくつも存在することがわかった。

まずは、秋田県にあるＪＲ奥羽本線の井川さくら駅。結構有名な駅であり、駅近くに桜の名所「日本国花苑」があることからの命名だが、人名と勘違いしそうな駅名だ。首都圏のＪＲ武蔵野線に２０１２年に新たに開業したのが吉川美南（よしかわみなみ）駅。これも女性の氏名みたいだ。新しい駅といえば、２０１６年に開業した川崎市内の南武支線の小田栄（おださかえ）駅も氏名みたいだ。もっとも栄は男女ともにある名前なので、小田栄さんは、女性とは限らない。

あと女性の氏名として通用しそうなのが、滋賀県内のＪＲ湖西線の近江舞子（おうみまいこ）駅。琵琶湖に面した駅で、きれいな女性が現れそうな場所だ。

一方、漢字だけみると人名のようだけれど、似て非なる読み方の駅もある。ＪＲ九州の日豊本線にある中山香駅（大分県）。「なかやま・かおり」かと思いきや、「なかやまが」という難読駅である。

男子名は少ないが、筆者の名前は……

10　宗太郎【ＪＲ九州　日豊本線／大分県佐伯市】、隼人【同日豊本線・肥薩線／鹿児島県霧島市】、たろう、たかし

女性の名前ばかり取り上げてきたので、数は少ないが男子名のような駅もリストアップしておこう。ＪＲ日豊本線にある宗太郎（そうたろう）駅（大分県南端）と隼人（はやと）駅（鹿児島県）がよく知られた男子名の駅だ。

三陸鉄道北リアス線（現在はリアス線）に初めて乗ったとき、「次は、たろう」と聞いて太郎駅があるのかと思ったが、実際には田老駅と知ってがっかりした。

最後に、筆者の名前の「たかし」は、豊橋鉄道渥美線にある。高師だから漢字は異なるけれど、駅名標にはひらがなで大きく「たかし」と書いてあるので、自分にゆかりの駅だと思っている（笑）。

以上、さまざまな駅を取り上げてみたが、ほかにもまだまだあると思うので、ご教示いただければ幸いである。

由来を調べると飛鳥時代にさかのぼる駅名も

養老や和銅、宝永……「元号」の付いた駅10

おもしろ10

1 養老駅【養老鉄道／岐阜県養老町】（養老元年〜8年、717年〜724年、奈良時代）

2 和銅黒谷駅【秩父鉄道／埼玉県秩父市】（和銅元年〜8年、708年〜715年、飛鳥・奈良時代）

3 宝永町停留場【とさでん交通後免線／高知県高知市】（宝永元年〜8年、1704年〜1711年、江戸時代）

4 永和駅【JR東海　関西本線／愛知県愛西市】（永和元年〜5年、1375年〜1379年、南北朝時代）

5 大同町駅【名鉄常滑線／愛知県名古屋市】（大同元年〜5年、806年〜810年、平安時代）

6 大宝駅【関東鉄道常総線／茨城県下妻市】（大宝元年〜4年、701年〜704年、飛鳥時代）

7 天応駅【JR西日本　呉線／広島県呉市】（天応元年〜2年、781年〜782年、奈良時代）

「養老の滝」に由来する養老駅

8 安和駅【JR四国　土讃線／高知県須崎市】（安和元年～3年、968年～970年、平安時代）
9 長和駅【JR北海道　室蘭本線／北海道伊達市】（長和元年～6年、1012年～1017年、平安時代）
10 天和駅【JR西日本　赤穂線／兵庫県赤穂市】（天和元年～4年、1681年～1684年、江戸時代）

平成が終わり、新しい元号令和の時代となった。それに伴い、元号に関する話題が豊富だ。鉄道に関しても、平成駅（JR豊肥本線／熊本県）、昭和駅（JR鶴見線／神奈川県）、大正駅（JR大阪環状線／大阪府&島原鉄道／長崎県）といった元号と同じ名前の駅に注目が集まっている。しかし、明治駅は存在せず、かろうじて明治神宮前駅があるだけであるし、その一代前の慶応駅もないことから、さらに時代をさかのぼる人は多くないようだ。

そこで、ここでは、江戸時代以前の元号で駅名にもなっているものを探してみることにした。あくまで「話のネタ」であって、学術的な研究でもないので、直接元号とは結びつかないもの、たまたま過去の元号と漢字が同じものをも含めて話題にしてみた。

親孝行息子に由来

1 養老駅【養老鉄道／岐阜県養老町】（養老元年〜8年、717年〜724年、奈良時代）

三重県にある近鉄名古屋線の桑名駅と岐阜県の揖斐駅を結ぶ養老鉄道（2007年以前は近鉄養老線）は、名瀑「養老の滝」のある養老郡養老町を通っていることから名付けられた。町にあるのが養老駅であり、その名の由来は「養老の滝」である。

奈良時代初期に、貧しいけれど親孝行な男性が山中で偶然見つけた滝の水を汲んで老父に届けたところ、それは酒であって、老父は若返って元気になったという。この話が遠く都に伝えられ、時の元正天皇の耳にも届き、天皇はこの地に赴いた。そして親孝行の息子を称え、「老人を養う」ことから「養老の滝」と命名し、元号も養老と改めたと伝えられている。親孝行息子は、ひょうたんに水を汲んで家に持ち帰ったという話から、町のシンボルはひょうたんであり、駅ホームにもたくさんのひょうたんが吊るされている。

2 和銅黒谷駅【秩父鉄道／埼玉県秩父市】（和銅元年〜8年、708年〜715年、

飛鳥・奈良時代）

この地で精錬を要しない自然銅が発見された。これを記念して元号を和銅に改め、この銅を使ってわが国初の流通貨幣である和同開珎が作られたといわれている。和銅3（710）年には平城京に遷都され、奈良時代が始まる。

この駅は、元々は黒谷駅であったが、和銅遺跡の最寄り駅であり、2008年が和銅奉献1300年の記念すべき年であることから和銅黒谷駅に改称された。また、ホームには和同開珎のモニュメントが置かれて人目を引いている。

3 宝永町停留場【とさでん交通後免線／高知県高知市】（宝永元年～8年、1704年～1711年、江戸時代）

宝永4（1707）年に起きた巨大な宝永地震で高知の城下町は津波の被害に遭った。そこで、防災のため宝永堤が造られ、このあたりは宝永町と呼ばれるようになったといわれている。

1908年に下知停留場として開業するも、1938年に宝永町停留場と改名し、第二次大戦中は休止となったが、1952年に復活した。路線は、土佐電鉄からとさでん交通へと変わったものの現在に至っている。

元号と同じ名前だが……

4 永和駅【JR東海　関西本線／愛知県愛西市】（永和元年〜5年、1375年〜1379年、南北朝時代）

元号の永和は、南北朝時代に用いられたものである。永和駅は、かつて存在した永和村に由来するもので、その村名は20世紀初頭に近隣の3つの村が合併し新たにできたものである。「永」も「和」も縁起の良い漢字であり、とくに元号と関連があるものではないようだ。

名古屋駅から僅か4駅のところにありながら、あたりはのどかな田園地帯。電化区間ではあるが単線で、特急や快速みえは非電化区間へ直通するためディーゼルカーで運転される。ただし、いずれも永和駅には停車しない。

なお、永和駅は、東大阪市内を走る近鉄奈良線にもあるが、今では河内永和駅という。こちらも元号の永和と関係はない。

5　大同町駅【名鉄常滑線／愛知県名古屋市】（大同元年～5年、806年～810年、平安時代）

駅名の由来は、近くにある大同特殊鋼の工場への通勤の便を図って設置された駅であり、後に地名が大同町となったので、それに合わせたものである。戦時下だったので、工場の位置を悟られないようにという配慮があったのだ。

大同特殊鋼は、大同電力の関連会社で、大同電力は3つの会社が合併してできたものである。社長だった福澤桃介が3社の大同団結により発足したことから命名したとのことで、遠い昔の元号とは関係がない。

普通電車だと、手前の大江駅で優等列車の待避で10分近くも停車し、名古屋のターミナル駅金山駅からの所要時間は20分ほどかかることがある。

歴史的な雰囲気はある

6　大宝駅【関東鉄道常総線／茨城県下妻市】（大宝元年～4年、701年～704年、飛鳥時代）

学校の日本史で学ぶ大宝律令が制定されたのが大宝（たいほう）元年。ただし、駅名は「だいほう」である。駅の近くには創建が大宝元年にまでさかのぼる大宝八幡宮や南北朝時代の大宝城跡がある。八幡宮の最寄り駅ということで風情のある小さな駅舎が目につくけれど、21世紀になって新築されたもので、歴史的価値はない。とはいえ、雰囲気の良い駅である。（P349も参照）

7　天応駅【JR西日本　呉線／広島県呉市】（天応元年〜2年、781年〜782年、奈良時代）

元号は「てんおう」だが、駅名は同じ漢字で「てんのう」と読む。海の見える駅として知られる。瀬戸内海の先には江田島を望むことができる。駅名のほうは近くにある天応山に由来し、その山は神武天皇東征にゆかりがあるとのことだ。

8　安和駅【JR四国　土讃線／高知県須崎市】（安和元年〜3年、968年〜970年、平安時代）

元号は「あんな」だが、駅名は「あわ」。高知県須崎市にあるホームから太平洋の見える駅で、付近は安和海岸として知られている。特急列車が停車する須崎駅の2つ窪川寄りの駅で、普通列車しか停まらない。不便な駅ではあるけれど、訪れてみたい魅力的な駅のひとつだ。

9 長和駅【JR北海道　室蘭本線／北海道伊達市】（長和元年〜6年、1012年〜1017年、平安時代）

元号は「ちょうわ」だが、駅名は「ながわ」。1959年に長和に改名されるまでは、長流（おさる）といった。長流（おさる）が「お猿」に通じるところから好まれず、平和の和を貰って長和となったようだ。したがって、元号とは全く関係がない。

平和に通じる「和」

10 天和駅【JR西日本　赤穂線／兵庫県赤穂市】（天和元年〜4年、1681年〜1684年、江戸時代）

最後の3つの元号は、いずれも「和」が付く。昭和、令和と同じく、「和」は平和に通じるから元号の文字としては好まれるようだ。

天和駅の天和は、地元の真木村と鳥撫村が合併して新しい村となったとき、真と鳥を合体した鵜に平和の和を足して鵜和（てんわ）とした。しかし、鵜の字が難しいため、音が同じ天の字を当てて天和としたのである。

以上のように、数多くある元号と同じ漢字を使った駅名は幾つもあるものの、本当の元号に由来するものは極めて少ない。しかし、駅名の由来を調べてみると、興味深いエピソードがあり、それはそれで話として面白いと思う。

ヨーロッパには多いが日本は意外に少ない

「こまち」はコメじゃない！人名の列車名10

おもしろ10

1 「いさぶろう・しんぺい」　山縣伊三郎・後藤新平（JR九州　肥薩線）
2 「しんたろう号・やたろう号」　中岡慎太郎・岩崎弥太郎（土佐くろしお鉄道　ごめん・なはり線）
3 特急「かいおう」　魁皇（元大関）（JR九州　篠栗線・筑豊本線、博多―直方）
4 新幹線「こまち」　小野小町（秋田新幹線）
5 快速「アテルイ」　阿弖流為（JR東日本　東北本線、水沢―盛岡）
6 特急「踊り子」　小説の登場人物（JR東日本　東海道本線、東京―伊豆急下田・伊豆箱根鉄道修善寺）
7 「坊っちゃん列車」　小説の登場人物（伊予鉄道）
8 特急「カムイ」　アイヌ民族の神（JR北海道　函館本線、札幌―旭川）
9 SL「大樹」　徳川家康、徳川幕府の将軍の別称、尊称（東武鬼怒川線）
10 廃止となった人名列車

肥薩線を走る観光列車「しんぺい」

日本の鉄道の列車名というと、速さの象徴である鳥の名前「はやぶさ」「つばめ」「かもめ」、抽象的な名称である「のぞみ」「ひかり」「こだま」、旧国名である「出雲」「しなの」「ひだ」などがあるが、欧米の列車名のように人名を用いたものは珍しい。ここでは、そうした人名に由来する列車愛称名を何とか探し出してリストアップしてみた。

明治の偉人をたたえる列車

1 「いさぶろう・しんぺい」 山縣伊三郎・後藤新平（JR九州 肥薩線）

「人名列車」として真っ先に思い浮かべる人が多いのが、JR九州の観光列車「いさぶろう」「しんぺい」であろう。肥薩線の山岳区間である人吉―吉松間を途中にある3つの駅すべてに停車しながら、ループ線、スイッチバック、そして日本三大車窓のひとつである矢岳越えの絶景を体験しつつ走り、絶大な人気を誇る列車となっている。

かつては難所だった矢岳第一トンネルに人吉側からさしかかるとき、入口の上に掲げられた扁額《へんがく》には、トンネル完成当時の逓信大臣・山縣伊三郎による揮毫《きごう》で「天険《てんけん》若夷《じゃくい》」、吉松側の扁額は、当時の鉄道院総裁・後藤新平の手による「引重致遠《いんじゅうちえん》」の文字が読み取れる。両者合わせて「天下の難所を平地であるかのようにしたおかげで、重い物を遠くへ運ぶことができる」という肥薩線（当時は重要な幹線であった）完成へのはなむけの言葉なのだ。

これにちなんで、人吉発の観光列車を「いさぶろう」、吉松発の列車を「しんぺい」と命名したのである。

2「しんたろう号・やたろう号」　中岡慎太郎・岩崎弥太郎（土佐くろしお鉄道　ごめん・なはり線）

「いさぶろう」「しんぺい」のように名前をセットにした列車が、高知県の土佐くろしお鉄道ごめん・なはり線を走っている（午前の列車は後免―高知間のＪＲ土讃線に乗り入れる）。マンションのベランダを思わせるオープンデッキが海側に通路のように設置されたユニークな車両を使った観光列車だ。各駅に停車する普通列車としての運行のため、乗車券のみで利用でき、追加料金も予約も不要である。

「やたろう」とは沿線の安芸市出身の実業家で三菱グループの創業者岩崎弥太郎のこ

と、「しんたろう」とは終点奈半利駅から山間部に入った北川村出身の幕末の志士中岡慎太郎のことである。

「やたろう1号」は安芸発高知行き、「しんたろう2号」は高知発奈半利行き、「しんたろう1号」は奈半利発後免行き、「やたろう2号」は後免発安芸行きとして運転される。（P310も参照）

3　特急「かいおう」　魁皇（元大関）（JR九州　篠栗線・筑豊本線、博多―直方）

存命中の人物、元大関で直方市出身の力士魁皇を愛称としたユニークな列車が特急「かいおう」である。博多からJR篠栗線、筑豊本線を経由して直方まで、朝、直方発博多行きが2本、夜、博多発直方行きが2本という「通勤特急」だ。「かいおう」以外、篠栗線、筑豊本線を走る優等列車はなく、貴重な存在である。魁皇関は現役を引退してしまったけれど、特急「かいおう」は今も現役だ。

おコメの名前じゃありません！

4　新幹線「こまち」　小野小町（秋田新幹線）

秋田新幹線の列車名として知られる「こまち」。最新型の車両E６系のサイドに描かれた女性のイメージイラストでもわかる通り、秋田県湯沢市出身とされる（異説多数あり）小野小町に由来する列車名である。すっかり定着してしまい、おコメの「あきたこまち」のことかと思っている人もいるようで、人名とは意識されていないかもしれない。

5 快速「アテルイ」 阿弖流為（ＪＲ東日本　東北本線、水沢—盛岡）

アテルイ（阿弖流為）というのは、平安時代の初期、桓武天皇の命で東北制圧に乗り出した坂上田村麻呂と戦って敗れた英雄である。長らく悪者扱いされてきたが、現在では名誉回復され、地元の英雄として顕彰されるに至っている。

その一環として、東北本線下りの快速列車１本（朝６時50分水沢発、金ケ崎、六原、北上、村崎野、花巻、矢幅、仙北町停車の盛岡行き）に「アテルイ」の愛称が付けられている。もっとも、時刻表と駅の発車案内板には「快速アテルイ」の表示があるものの、車両（オールロングシートの７０１系電車）には「快速盛岡行き」としか出ていない。なお、上り列車に「アテルイ」号は存在しない。

6 特急「踊り子」 小説の登場人物（JR東日本　東海道本線、東京―伊豆急下田・伊豆箱根鉄道修善寺）

実在はしないけれど、小説に登場する人物を列車名にしたのが東京から伊豆急下田、伊豆箱根鉄道修善寺へ向かう特急「踊り子」「スーパービュー踊り子」（2020年3月からは新型車両「サフィール踊り子」に置き換わった）である。言わずと知れた、川端康成の小説『伊豆の踊子』に由来する列車で、185系のヘッドマークには「踊り子」のイラストが描かれている。

7「坊っちゃん列車」 小説の登場人物（伊予鉄道）

松山市内に路線網を張り巡らしている伊予鉄道のうち、路面電車が走る通称「松山市内線」で運行しているSL風列車（実際はディーゼル機関車牽引列車）。夏目漱石の小説『坊っちゃん』の主人公が乗ったとされることから「坊っちゃん列車」と命名されている。市内を走る観光列車で2編成あり、往時の姿の乗務員が活躍し、大人気である。

畏れ多い名前の俊足特急

8 特急「カムイ」 アイヌ民族の神（JR北海道 函館本線、札幌─旭川）

「カムイ」とはアイヌの神様、霊的存在である。「人」といってよいものかどうか、畏《おそ》れ多い存在ではあるが、モノではない人的存在ということで、ここに列挙しておきたい。畏れ多い存在に気やすく「スーパー」など付けていいものかと思っていたら、2017年3月のダイヤ改正では礼儀正しく「カムイ」に変更された。ディーゼル特急が主体の北海道では貴重な電車特急で、俊足を誇っている。

9 SL「大樹」 徳川家康、徳川幕府の将軍の別称、尊称（東武鬼怒川線）

2017年8月10日より運転を開始した東武鉄道のSL列車。「大樹」とは、日光東照宮に祀《まつ》られている徳川家康をはじめとする将軍の別称・尊称を意味する。もっとも、東京スカイツリーをも意味するようで、純粋に人名とはいえない部分もあるので、最後のほうの紹介としておいた。

10 廃止となった人名列車

日本では数少ない「人名列車」。過去に存在したものとしては特急「シーボルト」（佐世保―長崎）がある。シーボルトとは長崎に滞在した医師の名前で、良い愛称かと思ったのだが、同じ区間を走る快速列車よりも割高であることが嫌われたのか、空席が目立ち、あえなく廃止となってしまった。

もうひとつは新下関と仙崎を結んでいた観光列車「みすゞ潮彩」。仙崎出身の童謡詩人金子みすゞにちなんだ列車で、駅舎や駅弁には金子みすゞのイラストが描かれていた。観光列車の区間を仙崎ではなく、萩まで延ばすことで列車名を「〇〇のはなし」と変更することになり、「みすゞ」の愛称は過去のものとなってしまった。

ヨーロッパにはたくさんある！

ヨーロッパには数多くの人名列車が走っている。筆者が乗った思い出深い列車としては、「モーツァルト号」（ウィーン―パリ）、「ヨハン・セバスチャン・バッハ号」（フランクフルト―ライプツィヒ―ドレスデン）、「アレグロ・ヨハン・シュトラウス号」（ヴェネツィア―ウィーン）などがある。

愛称を付けない高速列車の台頭で味わい深い列車名は過去のものとなってしまったが、それでも最近の時刻表をひもとくと、ベルリン―プラハ―ウィーンといったルートでは「アントニン・ドヴォルザーク号」「フランツ・シューベルト号」など数多くの人名列車を見つけることができた。

外国人も首をひねる不思議な造語がいろいろ

これって何語？「外国語風」名前の列車10

おもしろ10

1 「リバティ」（東武鉄道）
2 「トランスイート四季島」（JR東日本）
3 「伊豆クレイル」（JR東日本）
4 「とれいゆ つばさ」（JR東日本）
5 「フルーティアふくしま」（JR東日本）
6 「おいこっと」（JR東日本）
7 「べるもんた」（JR西日本）
8 「ダイナスター」（JR西日本）
9 「サンダーバード」（JR西日本）
10 「ラピート」（南海電鉄）

「リバティ」「トランスイート」「クレイル」「ダイナスター」など、カタカナを中心とした列車名や車両名があふれている。しかし、多くは外国語もどきの新たな造語で

東武の特急「リバティ」（Revaty）

あり、どんな意味かを調べようとしても辞書に載っていないものばかりだ。もちろん、外国人も首をひねるばかり。そうした不思議な列車名を列挙して、その命名の意図を探ってみた。

〝L〟ではなくて〝R〟です

1「リバティ」（東武鉄道）

２０１７年４月にデビューした新型特急である。「リバティ」と聞くと多くの人はLiberty（自由）を連想するであろうが、新型特急の名称はRevatyだ。日本人の多くは英語のLとRを区別するのが苦手であるし、カタカナでLとRの違いは表現できない。そこでごっちゃにしてしまうが、RevatyとLibertyは似て非なるものである。

では、Revatyはどんな意味かというと、これは辞書に載っておらず、まったくの新語である。鉄道会社の説明によると、分割併合が可能な車両で多様な路線への乗り入れや運行が可能なことからvariety（多様）の〝i〟を除いた上で文字の組み換えを行い、さらに縦横無尽に走り回る自由さから自由（Liberty）をもキーワードのひとつとしたとのことだ。

文字を組み換えることはアナグラムといって欧米ではよくやること。リリースには書かれていないけれど、川をイメージした天井のデザインからすると、River も念頭にあるのかもしれない。英語的には Liberty よりは River のほうが連想しやすいかもしれない。

2 「トランスイート四季島」（JR東日本）

「リバティ」と同じく、デザインに奥山清行氏率いる KEN OKUYAMA DESIGN がかかわった豪華列車で、シャンパンゴールドの塗装はシャンパンベージュを基調とした「リバティ」と似たところがある。ところで「トランスイート」の意味だが、トラン＝フランス語で列車を表す train と、スイートルームという言葉で知られる、ひと続きの部屋を表す suite を組み合わせた造語である。

JR東日本はフランス語がお気に入りのようで、新幹線の車内誌「Train Vert」（トランヴェール＝緑の列車）やグランクラスの grand などフランス語を連発している。

3「伊豆クレイル」（ＪＲ東日本）

小田原と伊豆急下田を結ぶ観光列車「伊豆クレイル」。IZU CRAILEと表記される。このCraileも意味不明の単語であるが、リリースによると、イタリア語のcresciuto（大人）、英語のtrain、ile（イル＝英語の接尾辞で「～に適した」の意味あり）を組み合わせて「大人に適した列車」を意味するとのことだ。

さらにはCRAILEのCはクール、RAIL（レール＝線路）、Eはエレガントを表し、「クールでエレガントな大人のリゾート列車」をも表し、伊豆に来て「くれーる」？とのメッセージをも込めたとも言っている。なかなか複雑な命名のようだ。

なお「伊豆クレイル」は、２０２０年3月末をもって運行を終了した。

「とれいゆ」の「ゆ」は湯？

4「とれいゆ つばさ」（ＪＲ東日本）

車内に足湯を設けたことで話題を呼んだ山形新幹線の観光列車。「とれいゆ」とはtrain（列車）とsoleil（ソレイユ＝フランス語で「太陽」の意味）を組み合わせた造語。フランス語好きのＪＲ東日本とはいえ、trainをトランとフランス語読みしても言いにくそうなので、英語のトレインと組み合わせ「とれいゆ」としたもようである。公式発表では太陽のめぐみによるさまざまな食材などを楽しみ……としていて、足湯のことは書いていないけれど、「とれいゆ」の「ゆ」は湯を意味していることは想像に難くない。

5「フルーティアふくしま」（JR東日本）

磐越西線の郡山—喜多方を中心に運行する「走るカフェ」。フルーツ王国といわれる福島県産の果物を使ったスイーツを提供することから fruit とカフェをイメージする tea（お茶）を組み合わせて FruiTea とした。造語とはいえ、これは比較的理解されやすい命名であろう。（P327も参照）

6「おいこっと」（JR東日本）

飯山線の観光列車「おいこっと」は、日本語としても意味不明だ。東京のローマ字書き「TOKYO」を逆から並べ替えると OYKOT、これを「おいこっと」と読んだのだ。その意味するところは、東京とは真逆な田舎。日本人のこころのふるさと、懐かしさを呼び起こすものをイメージしたという。

沿線には文部省唱歌「故郷（ふるさと）」の作詞者である国文学者高野辰之博士の出身地があり、「うさぎ追いしかの山」の原風景が広がっている。意表をついたネーミングは案外秀作ともいえる。（P315も参照）

フランス語転じて日本語に？

7「べるもんた」（JR西日本）

北陸新幹線開業に伴い設定された城端《じょうはな》線および氷見《ひみ》線を走る観光列車は、城端線の山、氷見線の海をイメージして「美しい山と海」をフランス語訳した「ベル・モンターニュ・エ・メール（Belles montagnes et mer）」を正式列車名とした。複数の言語を組み合わせた怪しげな造語としないところは好感がもてるけれど、残念ながらフランス語は日本人にとってはなじみがないどころか発音もしにくい。

そこで、言いやすい簡略表記を作って「べるもんた」と日本語化してしまった。この発想は、ある意味関西的である。トランスイートのような気障《きざ》っぽさがなく庶民的な雰囲気さえ漂わせている。

8 「ダイナスター」（JR西日本）

北陸新幹線金沢駅開業に伴い、在来線特急「はくたか」は廃止となった。そのうち、金沢が終点となる列車は新幹線で代替できるのだが、福井まで走っていた列車まで全廃してしまうと実質的に在来線特急の本数減となってしまうので、それを補う形で金沢―福井間の特急として新たに生まれたのが「ダイナスター」である。

福井県は、このところ恐竜を観光の目玉のひとつとしているところから、恐竜の英語 dinosaur（ダイナソー）と特急のイメージ star（スター）を組み合わせ、「ダイナスター」とした。「福井の星・恐竜号」のほうがわかりやすいのだが、カタカナ名とするのが時代の流れなのであろう。

9 「サンダーバード」（JR西日本）

サンダーバードとはアメリカ先住民族に伝わる神話に登場する空想上の鳥のことである。北陸本線の由緒ある列車名「雷鳥」は、北アルプスに生息する鳥に由来する伝統あるものだ。その列車を新型車両に置き換えるに際し、「サンダーバード」と命名したのであるが、雷＝サンダー、鳥＝バードと単純に直訳したのではないか、との疑惑がある。

英語の雷鳥は grouse もしくは ptarmigan であるから、スーパー雷鳥＝サンダーバードとしたのは誤訳であると言われてもいたしかたないと思う。そうした指摘に気づいてか、デビュー当初のテレビCMでは、イギリスの人気テレビ番組『サンダーバード』のキャラクターを使い、雷鳥とは別物だとのイメージを作り上げていった。特急「雷鳥」が過去のものとなり、特急「サンダーバード」は北陸本線の特急列車として、すっかり定着したようである。

10 「ラピート」（南海電鉄）

英語ではなくドイツ語です

関西空港アクセス特急の名称は「ラピート」。珍しくドイツ語だ。速いという意味の単語は英語で rapid。Rapid service などとして快速列車、特急列車を示す言葉としてよく使われる。ドイツ語も同じスペルの rapid と書いて「ラピート」、英語の発音ラピッドとは異なる。

ドイツ語は、旧制高校の時代とは打って変わって、今では一部の専門家やドイツ語圏好き以外には、あまりなじみのない言語となってしまった。Rapidと書くと「ラピッド」としか読んでもらえないので、あえて発音記号をロゴとして用いている。発音記号も、学校ではまともに教えなくなってしまったので、どれだけの人に読んでもらえるか分からないが、母音を伸ばす記号以外はアルファベットと大差ないので、何とか判別できるのであろう。

まだまだ日本では、カタカナ語をありがたがる風潮が続いている。意味不明のカタカナ表記であってもファッショナブルととらえる人が多い証でもある。そんな中で近鉄の特急「しまかぜ」「ひのとり」のような愛称は正統的であり、こうした命名方法がもっと主流となってもいいのではないかと思う。

第三章

やっぱりこれだけは乗っておきたい 日本の鉄道ベスト10

ひと工夫凝らした個性派ぞろい

気になる都会のターミナル駅ベスト10

第1位　東京駅（東京都）
第2位　上野駅（東京都）
第3位　門司港駅（福岡県）
第4位　金沢駅（石川県）
第5位　長野駅（長野県）
第6位　富山駅（富山県）
第7位　名古屋駅（愛知県市）
第8位　浅草駅（東京都）
第9位　両国駅（東京都）
第10位　函館駅（北海道）

日本全国に数ある駅の中でも都会のターミナル駅というのは独特の風格がある。どこにでもありそうな駅ビルも多いけれど、ひと工夫凝らした個性的な建造物も目につ

もはや芸術作品とさえいえる東京駅

く。今回は、ちょっと印象に残るターミナル駅をランキング付けしてみた。

第1位　東京駅（東京都）

ターミナル駅でトップに挙げるべきは、やはり東京駅である。２０１４年に１００周年を迎えた丸の内側の赤煉瓦駅舎は、単なる駅舎を超えてひとつの芸術作品といってもいいだろう。辰野金吾が設計した堂々たる建物は、ドーム内の装飾、壁のちょっとした装飾に至るまで緻密を極めている。しかも、関東大震災でびくともしなかった堅牢さ。惜しくも戦災で屋根を焼失してしまったけれど、２０１２年に見事に復元されて、21世紀に甦った。日本の鉄道の起点に相応しい威容。これに勝るものはない。その一方で、八重洲側は、グランルーフに覆われた現代風の姿を見せている。あえてクラシックな丸の内側と対照的な造りにして、際立たせているのだと解釈したい。

昭和の香りを色濃く残す駅舎

第2位　上野駅（東京都）

新幹線が集結し、繁栄する一方の東京駅に対し、かつての東京の北のターミナル上野駅は、どうも元気がない。上野東京ラインの開通で、上野止まりだった電車の多くが、東京駅方面へスルーしてしまうし、JR常磐線特急の多くも上野を通って東京駅、品川駅まで向かい終着駅ではなくなった。さらに追い打ちをかけるように寝台特急「北斗星」も完全に廃止された。閑散とした地平ホームに立つと侘しさは募る一方である。それでも、昭和の香りを色濃く残す駅舎は終着駅のムードたっぷりだ。2017年5月に運行を開始した豪華列車「トランスイート四季島」の起点になったことで起死回生を図ってもらいたいと応援の意を込めて第2位に推しておきたい。（P20も参照）

第3位　門司港駅（福岡県）

名駅舎の誉れ高い九州の門司港駅は、保存改修工事が完了し、風格ある駅舎の姿を再び見ることができるようになった。重要文化財に指定されている建物だけに、復元完成を祝福したい。

第4位　金沢駅（石川県）

北陸新幹線開業で勢いづく金沢。その玄関金沢駅兼六園口は、鼓門、もてなしドームが到着した人々を出迎え、すっかり観光客に人気のスポットとなってしまった。海外でも広く紹介されているこの駅は、今や日本を代表する鉄道ターミナルのひとつであろう。

第5位　長野駅（長野県）

一方、金沢延伸で長野新幹線から北陸新幹線と名前も変わり、終着駅から中間駅になり、埋没しそうな長野駅であるが、意外にも健闘している。善光寺如来のご開帳や北信州への観光の拠点として、今まで以上ににぎわっている。金沢延伸を機に駅舎を再度リニューアル。大庇を列柱で支え、門前町らしい駅舎となった。

機能的なターミナル駅

第6位　富山駅（富山県）

北陸新幹線「かがやき」が停車する富山駅は、新幹線高架下に路面電車が直接乗り入れることになった。路面電車は駅前の道路上で発着するものという固定観念を打破し、もちろん車両の多くは新型低床式電車。新幹線改札の目の前に路面電車乗り場があるので、利便性は大幅に向上した。新幹線を通すことばかりに熱心で、二次交通をおろそかにしがちな中にあって富山の街づくりは見事というほかない。機能的なターミナル駅ということで、第6位にランクインした。

第7位　名古屋駅（愛知県）

日本で3番目の大都市圏の玄関名古屋駅は、JR東海の本拠地ということもあり、高層ビル2棟が聳える極めて個性的な駅舎となった。将来のリニア中央新幹線開業に向け、駅前再開発も急ピッチ。「のぞみ」がひっきりなしに発着し、いつもごった返している。

第8位　浅草駅（東京都）

東京駅赤煉瓦駅舎復元に隠れてしまったが、東京下町の玄関、東武鉄道の浅草駅も時を同じくしてリニューアルされ、昭和初期の趣ある姿を取り戻した。東京スカイツリー人気は落ち着いたが、日光東照宮400年式年大祭、新型特急「リバティ」導入、鬼怒川地区での「ＳＬ大樹」運転など話題が豊富だ。いかにも昭和の終着駅らしいムード漂う中、活気に満ちたターミナル駅である。（Ｐ15も参照）

第9位　両国駅（東京都）

同じく東京下町のターミナル両国駅は、すでに一般からは忘れ去られた感がある。上野駅に似た駅舎は、千葉方面への玄関駅として、かつては繁栄したのだが、総武快速線東京駅地下乗り入れに際し、通過駅となったことから寂れてしまった。今や、通勤電車用ホームを別にすれば、列車ホーム1面が残るのみである。

それでも、ホームは手入れが行き届き、レトロな駅名標を設置するなどして、時折発着するサイクルトレイン（自転車運搬列車）Ｂ.Ｂ.ＢＡＳＥなどの臨時列車やイベント列車発着に対応している。知らない間に消えてしまうことのないよう応援したい名ターミナル駅だ。（Ｐ21も参照）

第10位　函館駅（北海道）

かつては北海道の玄関口だった函館駅。現在もターミナル駅であることに変わりはないけれど、列車利用が激減し、航空機利用が大半で直接札幌に向かうルートが主流となった今、かなりローカルな駅になった感じがする。２０１６年春の北海道新幹線開業では、函館駅から20㎞近く北に位置する新函館北斗駅が新幹線駅となったため、乗り換えて札幌方面へ向かう乗客は函館駅には立ち寄らない。今後の動向が気になる函館駅だ。

ターミナル駅といっても、歴史的建造物から現代的なものまで、さまざまである。また、駅は出会いと別れの場でもあり、各自の駅とのかかわりや思い出によっても印象が異なってくる。ターミナル駅に限らず、それぞれの人生で思い出に残った駅をリストアップしてみると、忘れていた出来事が甦ってくるかもしれない。駅は人を感傷的にさせる場所でもあるようだ。

車窓から夏らしい気分が味わえる

雄大な山を眺められる車窓ベスト10

ベスト10

第1位　北陸新幹線【立山連峰、北信五岳、浅間山】
第2位　JR東日本　大糸線【北アルプス】
第3位　JR東日本　中央本線【八ヶ岳、富士山、南アルプス】
第4位　富士急行線【富士山】
第5位　JR東日本　上越線【谷川岳】
第6位　JR九州　豊肥本線【阿蘇五岳】
第7位　JR九州　肥薩線【霧島連山】
第8位　JR北海道　函館本線【駒ヶ岳、羊蹄山】
第9位　東海道新幹線【富士山、鈴鹿山脈、伊吹山】
第10位　JR北海道　宗谷本線【利尻富士】

夏休みなどの長期休暇には、やはり山や海へ出かけたくなる人も多いだろう。中には忙しくて休みどころではないという人もいるかもしれない。せめて、出張などの移

北陸新幹線から眺めた立山連峰

動の途中で列車の窓からでも夏らしい気分を味わえないかということで、雄大な山を眺められる車窓ベスト10を選んでみた。

上位は中部山岳地帯をめぐる路線

2015年春に開業した北陸新幹線。長さ20km以上にもおよぶ飯山トンネルをはじめトンネルが多いけれども、地上区間から眺める山の車窓では特筆すべきものがある。というわけで、第1位には、北陸新幹線を挙げてみた。

第1位　北陸新幹線【立山連峰、北信五岳、浅間山】

いわゆる「長野新幹線」と呼ばれていた長野までの区間では浅間山が見えることで知られていたが、それを序奏とすると、長野—飯山間では北信五岳をはじめとする北アルプスの雄大な眺めが左に見えている。そして飯山トンネルなど長大トンネルをいくつも抜け、日本海側に達すると、こんどは立山連峰が富山に到着するまで存分に見えるのだ。新幹線で、これほどまで雄大な山並みが眺められるとは、乗ってみるまで想像だにしなかった。夏は、車窓を楽しみながら、ぜひ北陸新幹線で北陸各地に向かおう。

第2位　JR東日本　大糸線【北アルプス】

山の車窓で有名な路線といえば、定番はJR大糸線。松本から北に向かう車中で北アルプスの山々が次々と登場し圧巻だ。普通列車は意外に混雑し、思うような席に座れないかもしれない。臨時で走る中央線からの直通特急列車のほうが落ち着いて車窓を楽しめると思うが、いちばんの狙い目列車は、「リゾートビューふるさと」だ。展望席もあるし、各種イベントもあるので観光には最適であろう。

第3位　JR東日本　中央本線【八ヶ岳、富士山、南アルプス】

大糸線に直通する特急に都内から乗車するなら、松本に至るまでの中央線の車窓も決して侮れない。小淵沢付近で現れる八ヶ岳、反対側に見える南アルプスの峰々、そしてそれ以前に山梨県内で登場する富士山も忘れてはならない。

第4位　富士急行線【富士山】

富士山といえば、車窓のメインとしてウリにしているのが富士急行線である。大月を出て、リニア実験線の下をくぐり、さらに進むと左手に富士の麗姿を車窓いっぱいに堪能できるのだ。乗るなら、そのものズバリ、「富士登山電車」や「フジサン特急」「富士山ビュー特急」、それにJRからの直通特急「富士回遊」がおススメだ。「フジサン特急」の車体に描かれた富士急オリジナルの擬人化した富士山キャラクターの数々は抱腹絶倒で、家族連れには喜ばれるであろう。車窓だけではなく、富士山駅には富士山鑑賞用のホームベンチや駅ビルの展望テラスがあり、さらに下吉田駅にはJRから譲り受けたブルートレイン「富士」の寝台車を富士山をバックに展示するなど、富士山を多角的に楽しめる道具立てが揃っている。

第5位　JR東日本　上越線【谷川岳】

山越え路線として古くから知られているのが上越線だ。上越新幹線の陰で、すっかり閑散路線となってしまったけれど、谷川岳をはじめとする山々の眺めは相変わらずだ。ここでは、首都圏方面から新潟方面へ向かう下りではなく、2つのループ線を経由する上り線乗車を薦めたい。とりわけ越後湯沢を出発してから最初のループ線に至る区間は圧巻だ。特急列車はとうの昔に姿を消し、僅かに残る1日数本の普通列車を利用するしか方法がないけれど、息つく暇もないほどの絶景の連続は、いつまでも思い出として脳裏に刻まれるであろう。

九州と北海道の路線から

少々、中部地方から甲信越地区に偏りすぎたかもしれない。山岳風景としては、どうしてもこのあたりに注目してしまうのだが、他の地域にだって素晴らしい車窓はいくらでもある。そのひとつとして、九州のど真ん中を横断する豊肥本線を挙げておこう。

第6位　JR九州　豊肥本線【阿蘇五岳】

「九州横断特急」「あそぼーい！」「あそ」が走っていて、これに乗るのが快適であろう。2016年の熊本地震により被災し、肥後大津—立野—阿蘇間が不通になったままだったが、2020年8月8日に全線運転再開にこぎつけた。

熊本から乗車すると、立野のスイッチバックを行き来して、阿蘇の雄大なカルデラに入り込んでから外輪山や阿蘇五岳をかなりの長時間車窓から眺めることができる。ごつごつして赤茶けた山々は日本離れした情景で、かつて西部劇スタイルのＳＬ列車がイベント運転されたのも頷けるであろう。

第7位　ＪＲ九州　肥薩線【霧島連山】

九州といえば、折り紙付きの絶景ローカル線である肥薩線を忘れてはならない。変化に富んだ車窓はどの区間を取り上げるか迷ってしまうが、雄大な山岳車窓ということであれば「日本三大車窓」のひとつに選ばれている矢岳―真幸《まさき》にとどめを刺す。トンネルを抜けると眼前に霧島連山が現れ、天気が良ければ彼方に桜島が見えることもある。観光列車「いさぶろう」（上り列車は「しんぺい」）に乗れば、この付近で徐行、停止してくれるので窓を開けて写真を撮ることも容易だ。女性アテンダントさんによる解説もあり、初心者でも安心して旅を楽しめるのが心強い。

第8位　ＪＲ北海道　函館本線【駒ヶ岳、羊蹄山】

九州を取り上げたので、北海道の車窓にも触れておこう。気楽に優美な山を複数回眺められる路線として函館本線がおススメだ。函館から特急列車に乗れば、すぐに大沼公園を走り、大沼小沼の背後に特徴ある駒ヶ岳が見えてくる。札幌行き特急「北斗」は、長万部から海沿いの室蘭本線に入ってしまうので、長万部から普通列車に乗り換えるか、期間限定臨時特急に乗ってみたい。長万部から小樽の区間は「山線」と呼ばれるほどの山岳路線で、昔から難所として知られているが、倶知安付近で車窓に現れる羊蹄山の麗姿には見とれてしまう。リゾート地ニセコ、ＮＨＫ朝ドラで一躍有名になったウィスキーの故郷余市を訪ねてみるのもおススメだ。

意外性のある路線もピックアップ

ここまで、すっかり旅行気分に浸れる路線を数々取り上げてきたが、多くのビジネスマンにとって出張によく利用する路線、「日常的」ともいえる東海道新幹線を敢えて第9位に推しておきたい。

第9位　東海道新幹線【富士山、鈴鹿山脈、伊吹山】

何度も利用しているから車窓など見向きもしない人が多いのではと思うけれど、後発の新幹線よりトンネルは多くないし、実は車窓の楽しみに満ちた路線なのだ。言わずと知れた富士山は、海外からの旅行者にも「定番」だし、名古屋を発車し、岐阜羽島を過ぎる頃から左手に見える鈴鹿山脈、続いて関ケ原を越えて右手に現れる伊吹山は一時心和む美しい山の姿だ。寸暇を惜しんでパソコン画面や書類に目を通したい気持ちも分かるけれど、ちょっと手を休めて新幹線からの車窓を楽しむ余裕を持ちたいものである。

第10位　JR北海道　宗谷本線【利尻富士】

最後に、意外な山の車窓ということで、北海道の宗谷本線を挙げておきたい。最北端の駅稚内を目指して北上する列車がラストスパートを始める少し前、サロベツ原野の彼方に富士山型の山が見えてくる。初めて訪れるときはよくわからないままに眺めていると、いつしか列車は海を見下ろす区間にさしかかり、先ほどの山は海の向こうに浮かぶ利尻島に聳える利尻山だったことが分かるのだ。人家もない原野だったからこそ、海の向こうの山を陸続きの山のように錯覚してしまう不思議な風景。実に印象的である。

山国でもある日本は、列車に乗れば各地で美しい山の車窓を楽しめる。序列をつけがたい記憶に残る風景は他にも山ほどあるけれど、とりあえず私が独断で選んだベスト10は以上である。

やっぱりあの鉄道が日本一の「海路線」だった

絶景が続く海の車窓ベスト10

ベスト10

第1位　JR東日本　五能線【日本海】
第2位　JR東日本　羽越本線【笹川流れ（日本海）】
第3位　JR西日本・東海　紀勢本線【太平洋】
第4位　JR西日本　呉線【瀬戸内海】
第5位　JR西日本・四国【瀬戸大橋線―瀬戸内海】
第6位　三陸鉄道【太平洋】
第7位　のと鉄道【七尾湾（日本海）】
第8位　肥薩おれんじ鉄道【八代海、天草灘】
第9位　土佐くろしお鉄道ごめん・なはり線【太平洋】
第10位　JR北海道　釧網本線【オホーツク海】

前項では山を拝める日本の車窓ベスト10を紹介したので、本項では、それと対をなす海を眺める日本の車窓ランキングをご紹介しよう。

ごめん・なはり線のオープンデッキ車両

海岸線に沿って走る鉄道路線は数多くある。その中で、絶景が延々と続き、自然を破壊するような人工物も少ない見ごたえのある車窓といえば、誰しも挙げる五能線を第1位に推したい。

日本海の絶景から

第1位　JR東日本　五能線【日本海】

意外性を期待していた人には申し訳ないが、それだけ素晴らしい車窓なのだ。しかも、そのような御馳走を誰もが気軽に楽しめるように観光列車「リゾートしらかみ」が、シーズンには1日3往復も走る。「青池」編成に続いて、「ぶな」編成もハイブリッドの新型車両に置き換わり、ますます快適な旅が約束されている。

第2位　JR東日本　羽越本線【笹川流れ（日本海）】

五能線の「リゾートしらかみ」の南のターミナルとなる秋田から新潟方面へ延びるのが羽越本線。日本海縦貫ルートとして重要な路線である。その羽越本線も日本海の車窓が見事である。

とりわけ、笹川流れと呼ばれる名勝は、トンネルに見え隠れしながらも絶景の名に恥じない車窓を提供してくれる。幹線だけあって、特急列車「いなほ」が走る。2014年には、お馴染みだった国鉄形485系電車から新しい車両に置き換えられた。その際、グリーン車が新しいスタイルとなり、車内の一部が展望スペースとなった。海の車窓は川と異なり、片側でしか眺めることができないから、反対側のはずれ席に当たってしまった場合は車窓が楽しめないことになる。そんな欲求不満解消策として展望スペースが設けられたのだろう。観光列車的要素を取り入れたことは大英断といえる。この路線には純然たる観光列車「海里」（長年親しまれた「きらきらうえつ」に代わる新型車両）も走っているので、時間が合えば、この列車を薦めたい。

日本海が続いたので、目を転じて太平洋へ。こちら側でのおススメは紀勢本線だ。

太平洋、瀬戸内海は？

第3位　JR西日本・東海　紀勢本線【太平洋】

和歌山県から三重県にかけて、海の表情が刻々と変わっていくところが見どころだ。和歌山から乗っていくと、広々とした大海原が一望できる区間（御坊―紀伊田辺）、奇岩が続く区間（周参見《すさみ》―串本間の枯木灘）、入り組んだ湾を望む山間部（熊野市―尾鷲《おわせ》）などなど、目まぐるしく入れ替わる海の情景に休む暇もないほどだ。

日本海、太平洋に続いては瀬戸内海の車窓だ。どこにしようか迷うところだが、呉線を挙げておこう。

第4位　JR西日本　呉線【瀬戸内海】

とくに忠海《ただのうみ》から三原にかけての車窓が秀逸だ。各駅停車だとロングシートにあたることもあり旅情を感じないので、週末に走る観光列車「etSETOra」（エトセトラ2020年秋から「瀬戸内マリンビュー」に代わって運行予定）の指定席を予約しておきたい。海を向いた座席など工夫を凝らした車内から海を眺めると雰囲気が変わって楽しくなる。

第5位　ＪＲ西日本・四国【瀬戸大橋線―瀬戸内海】

瀬戸内海に限っては、海沿いに走る車窓だけではなく、海を渡る路線があるのがよい。言わずと知れた瀬戸大橋線だ。トラス橋なので、鉄骨がやや目障りだが、列車から眺める島々や行きかう船、それに窓下に広がる海の様子もスリリングだ。夏は夜明けの時間とはややタイミングがずれてしまうが、数少ない寝台列車「サンライズ瀬戸」が、ここを朝通過するので、寝台車から朝の瀬戸内海を眺めてみたい。

ここまで取り上げてきた路線は、すべてＪＲであったので、目を第三セクター鉄道に転じてみよう。

第三セクターの絶景路線

第6位　三陸鉄道【太平洋】

まずは、震災からの復興支援ということで三陸鉄道を挙げたい。比較的新しい鉄道ということもあってトンネルが多いけれど、その間から眺めるリアス式海岸は絶景の名に恥じないものだ。長大な路線なので、どの区間を推すかは悩むところだが、観光列車や人気だった朝ドラ『あまちゃん』ゆかりの路線で馴染みがあるのは旧北リアス線区間（久慈―宮古）だろうか。２０１９年に復活した宮古―釜石間（ＪＲ山田線からの移管区間）も捨てがたい。絶景ポイントで徐行運転するのは、今や各地の観光列車の定番となった感じである。

第7位　のと鉄道【七尾湾（日本海）】

続いては、のと鉄道。比較的地味な路線だったが、北陸新幹線開業、朝ドラ『まれ』の舞台が能登であること、能登が注目を集め出したので新規に登場した観光列車「のと里山里海号」と話題に事欠かない。路線の半分以上が廃止となり、沈滞気味だっただけに応援したい鉄道だ。（Ｐ３１７も参照）

第8位　肥薩おれんじ鉄道【八代海、天草灘】

グルメ列車の先駆者であるのが九州の肥薩おれんじ鉄道の「おれんじ食堂」。食事をしながらの列車旅は極上のひとときを演出してくれる。もっとも、普通の列車に乗っても、八代海や天草灘の地形を忠実にたどる線路からの眺め、とりわけ夕日は何度通っても飽きることがない。

海岸線を走る列車といえば、波打ち際ぎりぎりのところを走る路線が多く、目線がかなり低くなっている。そんな「常識」を破った路線が四国の土佐くろしお鉄道ごめん・なはり線だ。

第9位　土佐くろしお鉄道ごめん・なはり線【太平洋】

太平洋の海岸線近くを高架で走るのが実に斬新である。やや海を見下ろすように走る列車。しかも、ホテルやマンションのベランダのように列車のサイドに設置された窓のない展望通路があるオープンデッキ車両がユニークだ。「やたろう」「しんたろう」という愛称付きの列車で、潮風を直接浴びながらの旅は新鮮そのものだ。各駅に立っているオリジナルキャラクターも楽しい。（P271も参照）

第10位　JR北海道　釧網本線【オホーツク海】

日本を取り巻く海で忘れていたのがオホーツク海だ。北海道の北東部の海岸線で、かつてはいくつものローカル線が沿岸を走っていた。そのほとんどが廃止され、今残っているのは釧網本線の網走～知床斜里間のみである。幸い原生花園や北浜あたりの情景は、天候がよくない日には寂寥感あふれた独特の情緒を醸し出し、最果ての旅情を味わうには捨てがたい魅力となる。

我が国は、四方を海に囲まれた島国であるので、海岸線の車窓には事欠かない。他にも忘れがたい車窓は多々あるのだが、今回は以上をベスト10としたい。

誰でも気軽に乗れる列車に限定

独断！〝予約の取れる〟日本の観光列車ベスト10

第1位　JR九州「ゆふいんの森」
第2位　JR北海道　函館本線山線経由の臨時特急「ニセコ」など
第3位　しなの鉄道「ろくもん」
第4位　JR東日本　飯山線「おいこっと」
第5位　JR西日本　山陰本線ほか「〇〇のはなし」
第6位　伊豆急行「リゾート21」
第7位　のと鉄道「のと里山里海号」
第8位　JR九州　肥薩線の観光列車群
第9位　JR四国　予土線など「鉄道ホビートレイン」
第10位　北越急行ほくほく線「ゆめぞら号」

JR九州「ゆふいんの森」

2015年8月8日に、JR九州で新しい観光列車「或る列車」がデビューした。
すでに水戸岡鋭治氏がデザインする列車が多く走りまわっている九州に、またひとつユニークな列車が加わったのだ。今や全国的にブームとなった感のある観光列車。本項では、個人的な好みでランキングをつくってみた。もっとも、選ぶのに困るほど多くの観光列車が走っているので、誰でも気楽に乗れる列車に限定してみた（したがって、超高価な上に高倍率となる「ななつ星in九州」、半年先まで予約が取れない「TOHOKU EMOTION」といった列車は除いた）。また、SL列車は、これだけでもランキングができそうなので、別の機会に取り上げようと思い、本項では除外したので、ご了承願いたい。

第1位　JR九州「ゆふいんの森」

観光列車といえば、どうしてもJR九州に目が行ってしまう。九州だけでもランキング表ができてしまいそうなので、なるべく九州以外の地域から選んでみたいのだが、客観的にみればよく工夫された列車があるのも事実である。というわけで、第1位は「ゆふいんの森」に登場してもらおう。デビュー以来四半世紀にもなり、JR九州の観光列車の先駆けでもある列車、奇抜すぎず、派手すぎず、シックで大人のムード。ハイデッカーの車内は落ち着いた雰囲気を醸し出す。そして、今やすっかり有名になった温泉地由布院。九州まで往復は飛行機を利用し、クルマやバス主体の旅行であっても、この列車だけは乗るというツアーがあるほど、確固たる地位を占めているといってても過言ではなかろう。

第2位　JR北海道　函館本線山線経由の臨時特急「ニセコ」など

夏といえば涼を求めて北へ行く。とりわけ北海道の人気は高い。しかし、残念なことに、最近のJR北海道は不祥事続きで元気がなく、路線縮小や鉄道ファンに人気のある「秘境駅」の廃止など内向きの話題ばかりだ。それでも、一級の観光地が目白押しの地域である。何とか頑張ってもらいたい。というわけで、応援の意味も込めて第2位に函館本線の通称「山線」（長万部―倶知安―小樽）を走る観光特急「ワッカ、ヌプリ、ニセコ」を挙げておこう。2015年の場合、8月下旬の列車は、札幌発が「ヌプリ」、函館発が「ワッカ」、9月以降は「ニセコ」と名前を変えたけれど、長万部―札幌の列車ダイヤは同じである。途中のニセコ、余市では10分ほどの停車時間があり、地元名産品の販売やゆるキャラのお出迎えなど観光列車らしいイベントが盛りだくさんだ。ぜひ、乗りに行って、鉄道や地域を応援したい。2020年は9月前半の8日間、「ニセコ」の運転が予定されている。

山と海の観光列車

第3位　しなの鉄道「ろくもん」

首都圏や名古屋、関西方面から手軽に行ける夏のリゾート地が信州である。そこを走る観光列車から2つほど挙げておきたい。まずは、しなの鉄道を走る「ろくもん」。いわゆるグルメ列車である。軽井沢発が洋食、長野発が和食と往復でメニューが異なり、1両が、ドアを障子風に改装した料亭風個室で、浅間山を眺めながらの食事を楽しめる。3両のうち1両は、食事なしの車両で気楽な旅もできるのがよい。車両デザインは前述の水戸岡鋭治氏で、九州に行かなくても、水戸岡ワールドに接することができるのが魅力だ。（P322も参照）

第4位　JR東日本　飯山線「おいこっと」

もうひとつは「おいこっと」。「うさぎ追いしかの山」で有名な唱歌「故郷」ゆかりの地であるJR飯山線を走る観光列車だ。千曲川に沿って走る飯山線は、誰にとっても「故郷」を感じさせる実にのどかな心休まる沿線だ。おばあちゃんの住む実家をイメージしたという車内。野沢菜のサービスなど、贅沢というよりは、素朴なおもてなしに心安らぐ。（P282も参照）

第5位　JR西日本　山陰本線ほか「○○のはなし」

夏だから、海を眺めながら観光列車の旅をしたいという人におススメなのが「○○のはなし」（山陰本線ほか、新下関—仙崎—東萩）。薄幸の詩人金子みすゞにちなんだ列車「みすゞ潮彩」の後継となる観光列車で、海を向いた座席もある。のんびり進むので、響灘の絶景がとことん味わえる。和風（1号車）と洋風（2号車）の対比や事前予約が必要ではあるけれど、沿線こだわりのお弁当、スイーツセット、おつまみセット（上り下りで食事メニューは異なる）も楽しめる。

第6位　伊豆急行「リゾート21」

海の絶景を楽しむ列車といえば、前項の「絶景が続く海の車窓ベスト10」で紹介した五能線の「リゾートしらかみ」、羽越本線「海里」も挙げたいのだが、〃またしても〟という感じなので、今回はランクから外し、第6位に伊豆急の「リゾート21」を推しておこう。ひな壇のような前面展望席、今や他の車両でも見られお馴染みとなったものの海を向いた座席というのは、おそらくリゾート21が「先駆車」のひとつなのではないだろうか。こうした工夫に満ちた車両でありながら、特別料金を取らない普通列車としての運転というサービスは、高く評価したい。

第7位　のと鉄道「のと里山里海号」

海を望む観光列車といえば、北陸・能登を走る「のと里山里海号」（のと鉄道）も紹介しておきたい。北陸新幹線で近くなった能登。和倉温泉や輪島を周遊するときは、のと鉄道にも乗ってみよう。（P309も参照）

ひと工夫ありの人気列車

第8位　JR九州　肥薩線の観光列車群

観光列車の王道といえば、絶景や車内、駅でのおもてなしと続くけれど、それが凝縮され、観光列車のリレーで周遊コースとなっているのがJR九州の肥薩線だ。鹿児島中央駅から「はやとの風」「しんぺい」（逆方向の列車は「いさぶろう」）「かわせみやませみ」（SL運転日には「SL人吉」）という観光列車のゴールデンルートを形成していて、誰もが気楽に鉄道旅行を楽しめる工夫は見事というほかない。

第9位　JR四国　予土線など「鉄道ホビートレイン」

これまで、王道的な観光列車を紹介してきたが、終わり近くになって意表をついた列車を取り上げてみたい。そのひとつは、JR四国の予土線など（窪川―宇和島）を走る「鉄道ホビートレイン」である。0系新幹線もどきの奇想天外な改造車両はデビュー時に大いに話題となった。風貌には賛否両論あるが、乗ってみると、工夫された車内には驚くし、何といっても清流四万十川の車窓は見飽きることがない。「海洋堂ホビートレイン」「しまんトロッコ」と合わせて「予土線3兄弟」として四国の人気者だ。（P176も参照）

第10位　北越急行　ほくほく線「ゆめぞら号」

最後に、車窓が楽しめないことを逆手にとった観光列車を紹介しておこう。それは北越急行ほくほく線の「ゆめぞら号」（越後湯沢―直江津）である。長大トンネルが多く、闇の中を走る地下鉄のような路線。景色が愉しめないなら、車内を暗くして映像を天井に映し出して楽しもうというアイデア。かくしてシアタートレインの誕生となったのである。普通列車なので、特別料金もいらず、ＢＧＭ付きで天井に映し出される映像を見つつ、１時間あまりのユニークな旅を体験してみてはいかがだろうか。

このように、日本全国さまざまな創意工夫に満ちた列車が走っている。クルマやバスでは体験できない鉄道旅行ならではの旅は、きっと思い出に残ることだろう。飛行機やクルマ利用がメインであっても、行程のどこかで観光列車乗車を組みこんでみると、鉄道の良さが分かり変化に富んだ旅ができるのではないだろうか。

フレンチ、懐石、洋食、スイーツなど百花繚乱！

食事も車窓の風景も「美味しい」観光列車10

ベスト10

1　えちごトキめき鉄道　えちごトキめきリゾート「雪月花」（上越妙高⇕妙高高原⇕直江津⇕糸魚川）
2　ＪＲ九州「或る列車」（大分―日田など）
3　しなの鉄道「ろくもん」（しなの鉄道　軽井沢⇕長野）
4　西武鉄道「旅するレストラン　52席の至福」（池袋⇕西武秩父など）
5　ＪＲ東日本　八戸線「TOHOKU EMOTION」（八戸⇕久慈）
6　ＪＲ東日本　飯山線など「走る農家レストラン」（長野⇕森宮野原）
7　いすみ鉄道「レストラン・キハ」（大多喜⇓大原⇓大多喜⇓上総中野）
8　富士急行「富士山ビュー特急」（大月⇕河口湖）
9　ＪＲ東日本　磐越西線「フルーティアふくしま」（郡山⇕喜多方）
10　ＪＲ東日本　飯山線、信越本線など「越乃Shu＊Kura」（十日町⇕上越妙高など）

えちごトキめきリゾート「雪月花」

車内のテーブル席でコース料理やスイーツを食べることのできる観光列車が急速に増えている。食事がメインだったり、食事もできるという付加価値だったりと列車によってさまざまだ。もっとも大変な数の列車が走っているので、有名であっても未乗のものは取り上げなかった。ご了解いただきたい。

1 えちごトキめき鉄道　えちごトキめきリゾート「雪月花」（上越妙高⇕妙高高原⇕直江津⇕糸魚川）

北陸新幹線金沢延長開業と引き換えに旧信越本線および旧北陸本線の一部区間（妙高高原―直江津《なおえつ》―市振《いちぶり》）を第三セクター化したえちごトキめき鉄道のリゾート列車。すべてテーブル席で食事を主体としたコースを設定している。

多くの観光列車が在来車両を改造して使用しているのに対し、「雪月花」は敢えて高価な特別車両を新造して看板列車としている。しかも、人気で実績のあったデザイナーではなく、当時は無名に近かった川西康之氏を抜擢して大成功を収めた。真っ赤なヨーロッパスタイルの車両は巨大な窓を配し、妙高山をはじめとする山岳風景と日本海の雄大な海の眺めという山と海の両方の車窓を楽しめるというのは、他の列車ではほとんど例がない。

途中、二本木駅でのスイッチバック体験と駅舎見学、トンネル内にある筒石駅での構内見学などおもてなしプランもたっぷりあり、充実した3時間もの列車旅となる。予約が取りづらい列車としても知られ、各種ランキングでは、第1位になることも多い人気列車だ。

2 JR九州「或る列車」（大分―日田など）

豪華クルーズトレイン「ななつ星in九州」の雰囲気をちょっとだけ体験できる列車ということで、ワンランク上の車内はゴージャスそのもの。いくつかの乗車ルートが設定され、所要時間は2～3時間程度なので、豪華な軽食とスイーツのコースを味わうことになる。JR九州の観光列車（D&S列車）ではお馴染みの水戸岡鋭治氏が手を抜くことなく完璧に仕上げた内装は充実している。非日常感あふれる車内でのひとときは極上の時間といえるだろう。

3 しなの鉄道「ろくもん」（しなの鉄道　軽井沢⇕長野）

旧信越本線の一部区間を第三セクター化したしなの鉄道のレストラン電車。沿線の上田は２０１６年の大河ドラマ『真田丸』ゆかりの地ということもあって人気が急上昇した。旧国鉄の近郊型電車１１５系を大変身させたのは、またまたＪＲ九州の観光列車でお馴染みの水戸岡鋭治氏。障子とひのきをふんだんに使った和風のコンパートメント（個室）は、さながら走る料亭である。軽井沢発が洋食のコース、長野発が千曲市の名店が提供する日本料理と和洋２つのコースが楽しめる。夕方に軽井沢を発車する３号は、沿線ゆかりのワインを料理とともに楽しめる「信州プレミアムワインプラン」で、大人のカップルに人気がある。３両編成のうち１号車のみ食事なしの乗車も可能だ。

このほか、冬季限定の「北信濃雪見酒プラン」（北しなの線、長野―黒姫）やＪＲに乗り入れる「姨捨ナイトクルーズ」（上田―姨捨―聖高原―長野）といったバラエティに富んだラインナップも用意していて、リピーターも満足であろう。（Ｐ３１５も参照）

4　西武鉄道「旅するレストラン　52席の至福」（池袋⇕西武秩父など）

首都圏の西武鉄道が２０１６年4月17日に運行を開始した「レストラン電車」。この手の列車は、ローカル線の活性化策として運行されるケースが主流だったので、大手私鉄の西武がデビューさせたことでも話題を呼んだ。もっとも、箱根や日光に比べて人気面では及ばない秩父付近の活性化策と見ることもできるだろう。

車両は、西武秩父線の主力４０００系を大改造したもので、外観と車内インテリアを担当したのは、新国立競技場のデザインを手がけた隈《くま》研《けん》吾《ご》氏。料理の総合監修は、有名店のシェフが季節替わりで担当し、顔ぶれも豪華だ。池袋あるいは西武新宿から西武秩父までの下り列車がブランチ・コース（１人１万円）、帰路がディナー・コース（同１万５０００円）で、代金は料理と西武線一日フリーきっぷ、税金込みの値段である。武州和牛など沿線ゆかりの食材を使い、途中駅での停車時間も長く、２時間半から3時間というゆったりした運行時間で、西武秩父線沿線の山岳風景を眺めながら、文字通り「至福」の時間が過ごせる。

5　JR東日本　八戸線「TOHOKU EMOTION」（八戸⇕久慈）

東北の震災復興支援の観光列車として2013年10月に走り始めたレストラン列車。ディーゼルカーキハ110系を改造し、2両がレストラン車両、1両が厨房という編成で白の車体が目立つ。太平洋を眺めながらコース料理を味わい、終点の久慈は、前述したように2013年に放送されたNHKの朝ドラ『あまちゃん』のロケ地として有名になった。久慈から三陸鉄道に乗り継ぐ列車旅も楽しめる。ツアーでの参加が必須の団体列車で、相変わらず予約は取りづらい。

6　JR東日本　飯山線など「走る農家レストラン」（長野⇕森宮野原）

JR飯山線などを走る観光列車「おいこっと」の車両を利用したレストラン列車で、月に1回程度ツアー客用の団体専用列車として運行される。飯山線沿線の素朴な料理を、いくつもの駅で積み込みながら、ゆったりと流れる千曲川を眺めながら味わう。郷土料理「笹ずし」が物珍しい。帰路には沿線の温泉に浸かる行程で、休日をのんびり過ごせるのがよい。

ノスタルジーを楽しむ旅も

7 いすみ鉄道「レストラン・キハ」(大多喜⇓大原⇓大多喜⇓上総中野)

旧国鉄形ディーゼルカーを利用したレストラン列車で、「伊勢海老特急」というイタリアンランチを味わえる。本格的イタリアンコースのほか、お箸で食べる「和風の創作イタリアン」もある。伊勢海老をはじめとした魚介など、房総の素材を使用したメニューが魅力的だ。菜の花や桜が咲き乱れる春が人気だが、それ以外の季節でも、のどかな田園風景の中をレトロな車両でゆったりと進む列車旅は、ノスタルジックで安らぐ。首都圏各地から日帰りで訪問できるので、気軽に乗りに行ける人も多いであろう。

8 富士急行「富士山ビュー特急」(大月⇕河口湖)

2016年4月23日にデビューした観光列車。元JR東海「あさぎり」の車両を大改造して3両編成にまとめた。デザイン担当はまたまた水戸岡鋭治氏。1号車はスイーツが楽しめる特別車両で、ユニークな配置のテーブル席が楽しい。車窓から富士山の麗姿を眺めながら、ハイランドリゾートホテルのシェフが手がける特製スイーツでのおもてなしは優雅な旅となるであろう。

9　ＪＲ東日本　磐越西線「フルーティアふくしま」（郡山⇕喜多方）

２０１５年春にデビューした人気のカフェ列車。いちご、さくらんぼ、桃など地元福島産のフルーツを使ったケーキセットが魅力。ドリンクには、同じく福島産のフルーツを使ったジュースも選べる。フリースペースとなるカフェカウンターも自由に利用でき、峠越えや磐梯山の雄大な車窓も飽きることがない。惜しむらくは上り列車の乗車時間が少々短いこと。下り列車はゆったり過ごせるが、上り列車の所要時間は、およそ1時間半と下り列車に比べて30分速い。会津若松から乗車した場合は、郡山まで1時間12分。ケーキとお茶を味わうには、ちょっと慌ただしい。（Ｐ２８２も参照）

夕陽を眺めながら一杯……

10　ＪＲ東日本　飯山線、信越本線など「越乃Shu＊Kura」（十日町⇕上越妙高など）

沿線である新潟県の地酒をとことん楽しめるユニークな列車。ジャズなどの生演奏も車内で楽しめ、上越妙高へ向かう夕方の列車では、日本海の夕景も停車中にゆっくり眺めることができる。観光列車「おいこっと」と組み合わせれば、長野からぐるっと日本海沿いを旅して、上越妙高から北陸新幹線で戻るなど、多彩な列車旅も可能だ。食事付きのツアーを予約して乗る方法のほか、指定席のみ予約して、車内の売店で飲食物を購入することもできる。

本項では取り上げなかったけれど、九州の肥薩おれんじ鉄道が運行する「おれんじ食堂」、京都丹後鉄道「丹後くろまつ号」、長良川鉄道「ながら」、のと鉄道「のと里山里海号」の食事付きプランなども話題となっている。いつの間にか百花繚乱のごとく増えた食事付き観光列車に乗って、ひと味異なった列車旅をしてみてはいかがだろうか。

北海道新幹線のトリビア10

思わぬ発見もあり、乗ったら確認したい

ベスト10

1　H5系はE5系とどこが違う？
2　北海道産の食材が味わえるグランクラス
3　アクセス列車は「はこだてライナー」
4　無人駅から大出世！　新函館北斗駅
5　木古内駅
6　奥津軽いまべつ駅
7　道南いさりび鉄道の英語名は……
8　並行在来線とならなかった津軽線
9　青函トンネルの3線軌条
10　北海道新幹線、車窓の見どころはあるか？

北海道新幹線H5系

２０１６年3月26日に、北海道新幹線の新青森―新函館北斗間が開業し、新幹線車両が初めて北の大地・北海道を疾走しはじめた。本項では、北海道新幹線にまつわる話をまとめてみた。題して「北海道新幹線のトリビア10」。

思わぬ発見があれば幸いである。

同じ形でも「北海道らしさ」が
1 H5系はE5系とどこが違う？

北海道新幹線を走る車両は、これまでも東北新幹線を走ってきたE5系とJR北海道が新たに用意したH5系である。ほぼ同じタイプの車両だが、細かく見ていくと違いがある。

まずは外観。車体の上半分が緑、下半分が白という塗装は同じだが、ストライプの色は、E5系がピンク、H5系は彩香パープルという薄紫色だ。ラベンダー、ルピナス、ライラックといった北海道ゆかりの花々を想起させる色といえるだろう。

また、ドア付近に描かれているシンボルマークは、E5系がハヤブサを思わせる鳥を図案化したものだった。一方、H5系も北海道に飛来するシロハヤブサをイメージしつつ北海道の地図をも連想させる独特のものとなったので、ホームに停まっていればすぐにH5系と分かるだろう。

車内では中央の通路に注目したい。E5系普通車は、黄色系の縞模様で、これといった特徴はなかったが、H5系は、雪の結晶を図案化し北海道らしさを表している。また、ドアの内側（車内側）は緑に塗られていて、これはJR北海道のコーポレートカラーである。

2 北海道産の食材が味わえるグランクラス

グリーン車よりワンランク上、航空機のファーストクラスに相当するグランクラスは、すでに東北新幹線と北陸新幹線で編成に組み込まれているが、北海道新幹線でも導入されている。

とくに新函館北斗駅発の列車では、和軽食（開業当初あった洋軽食「サンドイッチ」はなくなった）、おつまみに北海道産の素材が使われたり、ビールではサッポロクラシックが用意されたり（期間限定）と、北海道らしさを強調している。これまでのグランクラスよりも長い時間となる4時間を超えての利用は乗る甲斐があるといえるだろう。

３ アクセス列車は「はこだてライナー」

新函館北斗駅は、函館駅からかなりの距離があるので、「はこだてライナー」というアクセス列車が新設された。この列車のために用意された車両は、７３３系電車の１０００番台。

すでに札幌近郊区間で使用されている車両をマイナーチェンジしたものだ。外観はステンレスの車体にＨ５系と同じパープルの帯、ＪＲ北海道カラーである黄緑の帯を取り付けている。

車内はオールロングシートで、旅情を感じないが、乗車時間は各駅停車でも約20分だから致し方ないだろう。３両編成が基本だが、混雑時には６両編成で走る。快速電車となる場合は最速15分で、途中の停車駅は五稜郭のみである。

普通列車が新幹線駅に停まらない

４ 無人駅から大出世！　新函館北斗駅

北海道新幹線の当面の北の終着駅。函館本線の渡島大野《おしまおおの》駅に新幹線ホームを併設し、２０１６年3月26日に新函館北斗駅と改名。快速列車も停まらない無人駅が大出世。

新幹線に接続するため、特急「スーパー北斗」（当時）「北斗」が全列車停車することになった。

ところが、下り普通列車3本が新函館北斗駅に停車しないで、別線（藤城線）を経由する（2020年7月現在）。もともとこの区間の下り特急列車は、渡島大野駅を経由しないで藤城線を通過していた。上下線が大きく離れている区間ともいえるのだが、上下の特急列車がすべて新函館北斗駅を通ると、単線区間の容量がひっ迫してしまう。そこで特急列車の通行を確保するため、普通列車の一部が迂回運転しているものと思われる。

ちょっと面白い現象だが、函館駅から新函館北斗駅に向かうときは「はこだてライナー」に乗らないで、ディーゼルカーの普通列車に乗ろうとへそを曲げると思わぬ失敗をするかもしれないので、特に鉄分の多い人は気を付けよう。（P30も参照）

5　木古内駅

北海道新幹線の中間駅で唯一道内にある駅、道内最南端の駅。かつては国鉄江差線と松前線の分岐駅で、準急停車駅。その後急行停車駅となった。青函トンネル開通後、特急停車駅となったものの、東京（上野）へ直通する寝台特急は停車しなかったので、北海道新幹線開業により、木古内駅に初めて東京行きの列車が停車することになった。（P29も参照）

6 奥津軽いまべつ駅

北海道新幹線の駅、JR北海道の駅で現在唯一道内になく青森県にある駅。津軽海峡線の津軽今別駅を改称して設置された。JR東日本に所属する津軽線の津軽二股駅に隣接していて、相互の乗り換えが可能だが、ともに列車本数は極めて少ない。（P28も参照）

7 道南いさりび鉄道の英語名は……

津軽海峡線（江差線）の木古内―五稜郭間は、北海道新幹線の並行在来線となるため、JR北海道から切り離されて第三セクター鉄道に転換された。名称は道南いさりび鉄道。ところで、その英語名はSouth Hokkaido Railway。「いさりび」は英訳されていないが「どうなん」だろう？

青春18きっぷ所持者は、「青春18きっぷ北海道新幹線オプション券」を購入すると、北海道新幹線奥津軽いまべつ—木古内と道南いさりび鉄道を通り抜けることができる（途中下車はできない）。なお、全線電化区間ではあるけれど、道南いさりび鉄道の列車はすべてJR北海道から譲り受けたキハ40系ディーゼルカーで運転される。うち2両は「ながまれ号」として観光団体列車用に改装された。

8　並行在来線とならなかった津軽線

北海道新幹線新青森—奥津軽いまべつ間は、JR津軽線が並走しているが、新幹線はJR北海道、津軽線はJR東日本と所属が異なるため、並行在来線とはみなされない。それゆえ、北海道新幹線開業後も従来通りJR東日本の路線として存続している。

もっとも、特急「スーパー白鳥」、「白鳥」は全廃、急行「はまなす」も廃止となり、普通列車と貨物列車だけが残る。なお、寝台特急「カシオペア」は、当初は臨時団体列車としてわずかな運転日のみ運転されたが、その後、本州内だけの運転となってしまった。その代わり、豪華列車「トランスイート四季島」が不定期ながら青函トンネルを潜り抜けている。

9 青函トンネルの3線軌条

北海道新幹線の新中小国信号場から青函トンネルを経由して木古内までの間82・1㎞は、在来線との共用区間となり、狭軌1067㎜と標準軌1435㎜双方の車両が通行できるよう3線軌条となっている。3線軌条は、秋田新幹線が走る奥羽本線、箱根登山鉄道、京急逗子線の一部区間に存在するが、これほどの長距離が3線軌条となっているのは珍しい。

10 北海道新幹線、車窓の見どころはあるか?

新函館北斗から木古内に向かって乗車すると、しばらくして左手に函館山が見えてくるのがハイライトだ。やがて8㎞を超える渡島当別トンネルなどいくつものトンネルを抜けると津軽海峡が見えてくるが、背の高い防音壁に阻まれて海が見えるのは一瞬である。

東京から新函館北斗まで最速3時間58分で結ぶ北海道新幹線。乗ってみればさまざまな発見があろう。またそれぞれの停車駅から在来線や第三セクター鉄道を利用して鉄道旅行を続ければ新しい乗り継ぎ方法や魅力が見つかると思われる。乗ったからこそ分かる楽しみを求めて旅を続けたい。

有名スポットからちょっと意外な駅まで

新年の幕開けは駅から！初日の出が拝める駅10

ベスト10

1　根府川駅（ＪＲ東日本　東海道本線／神奈川県小田原市）
2　片瀬白田駅（伊豆急行／静岡県東伊豆町）
3　日立駅（ＪＲ東日本　常磐線／茨城県日立市）
4　鎌倉高校前駅（江ノ島電鉄／神奈川県鎌倉市）
5　海芝浦駅（ＪＲ東日本　鶴見線／神奈川県横浜市）
6　野田玉川駅（三陸鉄道／岩手県野田村）
7　小田井駅（東海交通事業城北線／愛知県名古屋市）
8　二子玉川駅（東急田園都市線・大井町線／東京都世田谷区）
9　高井戸駅（京王井の頭線／東京都杉並区）
10　日の出駅（ゆりかもめ／東京都港区）

「初日の出号」も出る根府川駅

初日の出を見る場所としては、海岸、山頂、高い建物などがあり、それぞれ有名スポットがある。ここでは、ちょっと変わった「初日の出が拝める駅」をリストアップしてみた。「鉄分」のある正月の楽しみ方はいかがだろうか？

臨時列車も運転！　初日の出の有名駅

1 根府川駅（JR東日本　東海道本線／神奈川県小田原市）

相模湾に面した駅で、4番線（熱海方面）ホームから太海原をダイレクトに一望することができる。普通列車しか停まらず、自動改札機はあるものの東海道本線唯一の無人駅でもある。

日の出が望める駅として知られ、1月1日には、ここ数年、臨時列車「伊東初日の出号」が根府川駅に40分ほど停車して初日の出を拝むスケジュールだ。根府川駅での乗降はできないので、時刻表では通過扱いの表示である。全車グリーン車指定席のお座敷電車での運転となる。せっかくのイベント列車なので曇らないことを祈りたい。

2 片瀬白田駅（伊豆急行／静岡県東伊豆町）

根府川駅と同じく駅での初日の出を拝むイベント列車が運転される。こちらは「伊豆初日の出号」で、品川から東海道本線を下り、伊豆急行線に乗り入れる。初日の出を拝めるスポットとして片瀬白田駅で45分ほど停車、時間がたっぷりあるので、ホームからでもいいし、駅前の海岸から見ても楽しめるだろう。列車自体は伊豆急下田行きだ。

海を望む駅で迎える新年

3 日立駅（JR東日本　常磐線／茨城県日立市）

2020年は「運行なし」だったが、例年1月1日運転の臨時列車は、勿来《なこそ》海岸近くの大津港―勿来間に列車を停車させ、暖かい車内でくつろぎながら、水平線から昇る「初日の出」を眺められる列車として好評である。日立駅にも停車し、駅構内にある全面ガラス張りの展望デッキからも初日の出を拝むことができる。海に浮いているような錯覚を起こす“SEA BiRDS CAFE”は、元旦のみ特別に朝6時オープンなので、飲食を味わいながらの初日の出見物も良さそうだ。

4 鎌倉高校前駅（江ノ島電鉄／神奈川県鎌倉市）

ホームの前に海が広がる江ノ電の有名な駅。藤沢方面からやってくる電車の背後に江ノ島が見え、撮影名所になっている。しかし、そちらは西なので、反対側の鎌倉方面を向き、三浦半島が見える方向が東となり、山並みの背後から昇ってくる初日の出を待つ。少し歩いて、海岸に出るのもいい。

工場地帯に昇る太陽も美しい

5 海芝浦駅（JR東日本　鶴見線／神奈川県横浜市）

鶴見線海芝浦支線の終着駅で、ホームが京浜運河に面している。駅併設の公園でのんびりしたりデートを楽しんだりできるが、改札の外は東芝の敷地なので一般人は入れないなど話題に事欠かない。工場地帯での初日の出という組み合わせがなかなかの人気だ。電車の本数が少ないので予め列車ダイヤを調べてから出かけよう。鶴見駅6時30分発、海芝浦駅6時41分着の電車に乗らないと間に合わない。（P192も参照）

6 野田玉川駅（三陸鉄道／岩手県野田村）

三陸鉄道の太平洋を望む駅。ホームから日の出が見えることで知られ、1月1日運転のお座敷列車「初日の出号」に乗ると、この駅で停車し、初日の出を拝むことができた。

しかし、2019年の台風被害で久慈―田野畑間が年末年始期間は運休だったこともあり、2020年1月1日は、盛《さかり》―唐丹《とうに》間で、「三鉄初日の出号」が運行された。2019年元旦に続く企画で、好評である。

吉浜駅（岩手県大船渡市三陸町）近くの民宿川古荘付近で停車し、そこから見える雄大な太平洋の水平線から昇る太陽はまさに絶景だ。

意外？ 都会の駅でも十分見られる

7 小田井駅（東海交通事業城北線／愛知県名古屋市）

極めて高い高架線上を走る非電化の城北線は、見晴らしがよいことで知られている。普段は閑散とした路線だが、年に一回の元旦の「初日の出号」は唯一といっていいくらいにぎわうイベントだ。列車はビューポイントで停車するが、小田井駅ホームからの初日の出見物も人気だ。列車利用のみならず、直接駅のホームに上がることも可能である。ビルの6階に相当する高さなので、何も考えずに階段を上りだすと後悔するだろう。

8　二子玉川駅（東急田園都市線・大井町線／東京都世田谷区）

10両編成の長い電車が停車するため、ホームが多摩川に架かる鉄橋上に延びている。中央林間、長津田方面行きの電車が発着する1番線ホームの溝の口寄りに立つと、川の上にいる感じで、見晴らしがよい。日の出を眺めるのに申し分のないロケーションである。島式ホーム（ホームの両面を電車の発着に使用する形式）で、この付近の幅は大変狭くなっているけれど、2番線に発着する大井町線の電車は最大で7両編成しかなく、川の上あたりは停車しないので柵で覆われている。したがって、田園都市線の電車にのみ注意していれば、安全上の問題はない。

9　高井戸駅（京王井の頭線／東京都杉並区）

地平を走る区間の多い井の頭線だが、高井戸で環八通り（環状八号線）と交差するため高架になっている。線路の南側を神田川が流れていて、公園が点在していることもあって高層マンションやビルは環八通り沿いに限られている。したがって、渋谷方面の島式ホーム先端部は見通しがよく、上下線も離れているので安全に初日の出が拝めるスポットとなっている。

やはり「日の出駅で日の出」を……

10 日の出駅（ゆりかもめ／東京都港区）

日の出駅だから、ここで初日の出を見てみたい。幸いホームは高架になっていて見晴らしは良い。ガラス張りの駅で、島式ホームだから、頻繁にやってくるお台場方面へ向かう車両が到着すると眺めは遮られる。東京湾の向こうに晴海や豊洲のビル群が見え、都会的な情景の中で初日の出が拝めそうである。ガラス張りとはいえ、密閉された空間ではなく隙間風がかなり入ってくるので寒さ対策は怠りなくしよう。

以上、首都圏を中心に初日の出が拝める駅についてまとめてみた。初日の出の時刻は、山頂や離島を除いて日本で一番早い千葉県の犬吠埼が6時46分ごろだ。

招福から金銀財宝まで幸運に与りたい

新年の初乗りにいかが？縁起の良い駅名10

ベスト10

1 おかどめ幸福駅（くま川鉄道／熊本県あさぎり町）
2 福吉駅（ＪＲ九州　筑肥線／福岡県糸島市）
3 福渡駅（ＪＲ西日本　津山線／岡山県岡山市）
4 福生駅（ＪＲ東日本　青梅線／東京都福生市）
5 大宝駅（関東鉄道常総線／茨城県下妻市）
6 黄金駅（近鉄名古屋線／愛知県名古屋市、ＪＲ北海道室蘭本線／北海道伊達市）
7 黄金町駅・日ノ出町駅（京急本線／神奈川県横浜市）
8 宝積寺駅・大金駅（ＪＲ東日本　烏山線／栃木県高根沢町・那須烏山市）
9 寿駅（富士急行／山梨県富士吉田市）
10 ゆめが丘・希望ケ丘（相鉄いずみ野線・本線／神奈川県横浜市）

黄金駅陸橋から眺めたＳＬあおなみ号（２０１３年）

本書の締めは、全国各地からピックアップした縁起の良い駅名。このテーマでは、すでにあちこちで書かれているので、一部の駅をのぞいてできるだけ重複を避けて、新たな駅を挙げてみた。

「福」が付く駅名

1 おかどめ幸福駅（くま川鉄道／熊本県あさぎり町）

まずは「福」の付く駅名から。福といえば、かつては北海道に幸福駅が存在して、一大ブームとなったことを覚えている人もいるだろう。幸福駅は国鉄広尾線の廃止に伴い駅もなくなったけれど、あまりの人気に観光地として保存されている。

これにあやかったのかどうかは分からないけれど、九州は熊本県内を走る第三セクターくま川鉄道に、おかどめ幸福駅がある。

この駅は、ＪＲ湯前《ゆのまえ》線が1989年10月に第三セクターくま川鉄道となったときに新設されたものである。駅近くにある岡留熊野座神社が「難を留めて幸福を祈る神社」といわれ、古くから幸福神社として親しまれてきたことに由来する命名だ。

駅に隣接して売店があり、幸福切符を販売している。北海道の旧幸福駅に比べると知名度は低いけれど、もっと訪れる人が増えることを祈りたい。

2 福吉駅（JR九州　筑肥線／福岡県糸島市）

福岡市地下鉄空港線と相互乗り入れをしているJR筑肥線の駅。博多駅から西唐津行き普通電車に乗って1時間ほどで到着する（快速電車は停まらない）。駅から少し歩けば玄海灘が見え、漁港もある。「まむしの湯」という恐ろしげな名前の入浴施設がある。

駅名に「福」と「吉」が入るので縁起が良く、博多寄りの隣駅大入《だいにゅう》を大入《おおい》りと読ませ、かつて、福吉駅と大入駅間の記念きっぷを発売したところ大人気だったという。筑肥線は地下鉄直通の通勤形電車が走り、オールロングシートだが、玄界灘の車窓は実に素晴らしい。単発で観光列車が走ったことがあるが、定期的に走らせてもいいのではと思う。

3 福渡《ふくわたり》駅（JR西日本　津山線／岡山県岡山市）

岡山駅と津山駅を結ぶJR津山線。沿線には、福渡駅をはじめとして、金川（かながわ）、神目（こうめ）、誕生寺、亀甲（かめのこう）と縁起の良い駅名が続くことから快速列車には「ことぶき」の愛称が付けられている。福が行き渡るように祈願したいものだ。

午前に1本、福渡始発岡山行きの列車がある。岡山駅までは50分ほどの場所だ。キハ40系が主力なので、旧国鉄形ファンには嬉しい路線、駅であろう。

4 福生駅（JR東日本青梅線／東京都福生市）

福が生まれると書いて福生（ふっさ）。これも縁起の良い駅名だ。近くに米軍横田基地があるため、アメリカ人を見かけることも多く、米軍を対象にしたお店もあってエキゾチックな雰囲気である。

より横田基地に近いところをJR八高線が走り、こちらには東福生駅があるが、列車本数が多くないので、どことなくのどかだ。米軍ハウスだった住宅が残り、この駅のほうがアメリカの匂いが漂っているかもしれない。

続いて、宝とか黄金、お金などにまつわる縁起の良い駅名をピックアップしてみよう。

金銀財宝系の駅名

5 大宝駅（関東鉄道常総線／茨城県下妻市）

「だいほう」と読むが、漢字を見ると「大きな宝」であり、縁起の良い駅名である。大宝八幡宮が駅のすぐ近くにあり、参詣客のためにできた駅なのに、今では駅利用者は極めて少ない。

古風でこぢんまりとした木造駅舎は、無人駅のため待合室だけの簡素な造りだ。近年建て替えた新しいものなので、歴史的価値はないけれど好ましい雰囲気を醸し出している。南隣の下妻駅が有人駅なので、大宝駅の硬券入場券を売っている。縁起切符として買う人がいるとのことだ。（P265も参照）

6 黄金《こがね》駅（近鉄名古屋線／愛知県名古屋市、JR北海道室蘭本線／北海道伊達市）

近鉄名古屋駅から各駅停車の電車に乗って5分、2つ目が黄金駅である。大都会の中心部に位置するのに、昼間は特急など通過電車が多く、20分に1本しか電車が停車しない。南側にはＪＲ関西本線、名古屋臨海鉄道あおなみ線が走り、ＪＲの広大な車両基地や鉄道工場があるので、目に入るのは線路や鉄道車両ばかりだ。

一面稲穂の黄金色で埋め尽くされていたから黄金という地名が生まれたとのことだが、隔世の感がある。黄金陸橋、黄金通もあり、とくに黄金通は、長らく「おうごんどおり」が正式の読みであったが、地元からの強い要望により学校名や駅名に用いられている「こがね」を使った「こがねどおり」に変更された経緯がある。

黄金駅は北海道のＪＲ室蘭本線にもある。東室蘭から長万部方面へ向かう普通列車に乗っておよそ15分、３つめが黄金駅だ。内浦湾に面した無人駅である。

昆布が群生するというアイヌ語のオコムプシベという地名に黄金蘂という漢字を当てたのが由来で、それを駅名にしていたが１９５２年に蘂を取って黄金駅に改名された。分かりやすく、しかも縁起が良い駅名になったといえる。もっとも、近年利用者は激減し、１日の利用者数は平均すると10名に満たないようだ。

7 黄金町駅・日ノ出町駅（京急本線／神奈川県横浜市）

かつては歓楽街であり雑然とした印象のエリアだったが、イメージアップ作戦により改善、散策などを楽しめる街になりつつある。黄金町バザールという企画により、アートをはじめ、健全なイベントを数多く行っている。

2つの駅間の高架下を中心に、新たな時代の夜明けを告げ、日ノ出町、黄金町という縁起の良い駅名にふさわしいエリアとなった感がある。横浜駅から5～6分という利便性もあるので、今後に期待したい。

8 宝積寺駅・大金駅（JR東日本　烏山線／栃木県高根沢町・那須烏山市）

宝積寺は、東北本線と烏山線の分岐点である。この駅を起点とする烏山線に乗って4つ目が大金駅であり、どちらも縁起の良い駅名として知られてきた。

烏山線には宝積寺以外では7つの駅があるので、七福神をキャラクターとして各駅に割り当て、駅ごとに異なるイラストで利用者を楽しませてくれる。ちなみに大金駅は大黒さまが駅のキャラクターだ。駅に隣接して大金神社があり、手を合わせれば御利益があるかも。

宝積寺駅は駅舎が芸術的で木を多用した造りに圧倒される。こちらもまた新国立競技場の設計に関わった隈研吾氏がデザイン。なるほどと納得する。

9 寿駅（富士急行／山梨県富士吉田市）

そのものずばりの駅名。所在地は富士吉田市上暮地であり、かつては暮地（くれち）駅といった。しかし、暮地は墓地と間違えて読まれることもあり、縁起でもないと思ったのか、1981年に地名とは関係なく寿駅と改名された。

富士急行は、寿駅の入場券を縁起物として大々的にPRしている。ただし、寿駅は無人駅のため、大月駅、富士山駅、河口湖駅など富士急行の有人駅での販売となっている。

10 ゆめが丘・希望ケ丘（相鉄いずみ野線・本線／神奈川県横浜市）

ゆめが丘駅は、1999年3月の相鉄いずみ野線いずみ中央―湘南台間延伸開業と同時に生まれた比較的新しい駅である。高架駅周辺は田畑が広がり、開発はまだまだこれからであろう。明日への夢を抱かせる発展途上の駅なのだ。

このゆめが丘駅から相鉄本線希望ケ丘駅までの硬券乗車券は常時販売しているが、年末から3月にかけては、「ゆめ」や「希望」がかなうように受験生、就活生を応援することをメインに合格祈願のお守りとして「ゆめきぼ切符」を販売している。

期間中に「ゆめきぼ切符」を購入すると、相模鉄道キャラクター「そうにゃん」をデザインした「ピンズ」と「オリジナル絵馬」がセットでプレゼントされる。両駅には絵馬掛けを設置し、キャンペーン終了後に祈願成就のため、寒川神社にてお焚き上げをしていただくとのことだ。

なお、ゆめが丘駅は、モダンなドームで覆われた秀逸なデザインの駅で関東の駅百選に認定されている。訪問する価値のある駅だと思う。

知恵の森
KOBUNSHA

ニッポンの「ざんねん」な鉄道《てつどう》

著　者——野田　隆（のだ たかし）

2020年　8月20日　初版1刷発行

発行者——鈴木広和
組　版——堀内印刷
印刷所——堀内印刷
製本所——ナショナル製本
発行所——株式会社光文社
東京都文京区音羽1-16-6 〒112-8011
電　話——編集部(03)5395-8282
書籍販売部(03)5395-8116
業務部(03)5395-8125
メール——chie@kobunsha.com

ISBN978-4-334-78790-5　Printed in Japan

78156-9
aえ1-2

エンサイクロネット 編

今さら他人《ひと》には聞けない疑問650

一度とりつかれると、答えを知りたくてたまらなくなる疑問、愚問、珍問、難問。その答えは、高尚すぎて、くだらなすぎて誰も教えてくれない。『ナゼだ!?』改題。

720円

78661-8
tお10-1

岡崎《おかざき》 武志《たけし》

読書の腕前

本は積んで、破って、歩きながら読むもの…。ベストセラーの読み方から、「ツン読」の効用、古本屋との付き合い方まで。〝空気のように本を吸う男〟が書いた体験的読書論。

740円

78695-3
tお10-2

岡崎 武志

読書で見つけたこころに効く「名言・名セリフ」

文庫オリジナル

年間数百冊を読む書評家が、読書で見つけた「生きる勇気をくれる言葉」を厳選。人生の壁にぶつかったとき、心が折れそうになったとき—胸に沁みるユニークなコラム集。

720円

72789-5
aお6-1

岡本《おかもと》 太郎《たろう》

今日の芸術

時代を創造するものは誰か

「今日の芸術は、うまくあってはならない。きれいであってはならない。ここちよくあってはならない」—時を超えた名著、ついに復刻。（序文・横尾忠則　解説・赤瀬川原平）

560円

78188-0
aお6-2

岡本 太郎

芸術と青春

岡本太郎にとって、青春とは何だったのか。孤絶をおそれることなく、情熱を武器に疾走する、爆発前夜の岡本太郎の姿がここにある。（解説・みうらじゅん）

514円

78356-3
aお6-3

岡本 太郎

日本の伝統

「法隆寺は焼けてけっこう」「古典はその時代のモダンアート」『今日の芸術』の伝統論を具体的に展開した名著、初版本の構成に則って文庫化。（解説・岡本敏子）

640円

78723-3
tお11-1
荻窪《おぎくぼ》 圭《けい》
古地図と地形図で楽しむ
東京の神社

古地図を元に、実は〝神社の宝庫〟といわれる東京の神社の由緒・歴史などを、立地や周りの地形に関する話とともに辿ろうという神社好き、散歩好きには堪えられない一冊。

880円

78737-0
tか7-6
柏井 壽
日本百名宿

温泉宿あり、便利な街中ホテルあり、食事が自慢のオーベルジュあり。北海道から沖縄まで、一年を通して全国の宿を泊まり歩く著者が繰り返し通う、〝癒やしの宿〟１００選。

880円

78305-1
bか2-1
加東《かとう》 大介《だいすけ》
南の島に雪が降る

昭和十八年、俳優・加東大介は召集を受け、ニューギニアへ向かった。島の兵士で劇団を作り熱帯の〝舞台〟に雪を降らせ、兵士たちに故国を見せた感動の一作。（解説・保阪正康）

780円

78714-1
tか3-5
河合 敦
歴史を変えた18の政変とクーデター
変と乱の日本史
文庫書下ろし

「乙巳の変」から「二・二六事件」まで、歴史を揺るがせた18の政変、クーデターをわかりやすく解説。教科書の定説だけに囚われない、多角的な視点で歴史の舞台裏を描き出す。

820円

78727-1
tか3-6
河合 敦
近現代から原始・古代まで「どうしてそうなった?」でさかのぼる
日本史は逆から学べ
文庫書下ろし

歴史の勉強は、現時点から遡るように学んでいく方が、因果関係がつかみやすく歴史への理解は深まる―その信念の元に、日本史を近現代から古代まで紐解いていく、全く新しい歴史書。

780円

78672-4
tき3-1
許《きょ》 光俊《みつとし》
世界最高のクラシック

クラシックに興味を持ち始めた初心者なら、いきなり「世界最高」を聴くのがお薦め。クラシック評論の第一人者が太鼓判を押す、「最高」の指揮者による「最高」の演奏ガイド。

620円

78682-3
tき3-2
許　光俊
人生最高のクラシック
同じ曲でも、演奏家によってこんなに違うのか—そんな発見を愉しもう。個性派の指揮者13人を厳選、これが命をかけた名演奏だ！『生きていくためのクラシック』改題。
660円

78736-3
tさ7-1
酒井《さかい》　充子《あつこ》
台湾人生
かつて日本人だった人たちを訪ねて
日本統治時代を生きた世代は「日本語世代」と呼ばれる。台湾に魅せられた映画監督が、歴史に翻弄された人々への取材を重ね、その悲しみと愛憎を丁寧に記録するノンフィクション。
740円

78713-4
tし5-1
島田《しまだ》　裕巳《ひろみ》
空海と最澄はどっちが偉いのか？
日本仏教史　七つの謎を解く
宗教学者で作家の島田裕巳が、信仰という〝聖域〟の中で形作られた高僧たちの華麗なる姿を、史実を基に検証し、わかりやすく解説する。『島田裕巳の日本仏教史　裏のウラ』改題。
660円

78497-3
tし1-2
白洲《しらす》　正子《まさこ》
きもの美
選ぶ眼　着る心
「粋」と「こだわり」に触れながら、審美眼に磨きをかけていった著者。「背伸びをしないこと」「自分に似合ったものを見出すこと」。白洲正子流着物哲学の名著。（解説・髙田倭男）
740円

78646-5
bせ1-7
瀬戸内寂聴《せとうちじゃくちょう》
五十からでも遅くない
51歳で出家の道を選んだ著者が〝女と孤独〟〝五十代の恋〟などの女性の悩みに、自身の体験と仏教の教えを交え、答えていく。齢を重ねてなお美しい現代女性たちへの応援歌！
640円

78650-2
bせ1-8
瀬戸内寂聴
おとなの教養　古典の女たち
「額田王」「後深草院二条」「虫めづる姫君」他、史実、物語を問わず著者が選んだ古の女10人を紹介。道徳の枠にとらわれない情熱的な愛の数々を描く、寂聴流・古典文学入門。
820円